Bibliothèque nationale de France – Paris

Direction des Collections

A l'exception des reproductions effectuées pour l'usage privé du copiste, les œuvres protégées par le code de la propriété intellectuelle ne peuvent être reproduites sans autorisation de l'auteur ou de ses ayants droit.

Dans l'intérêt de la recherche les utilisateurs de la présente microforme sont priés de signaler au département de la Bibliothèque nationale de France qu'ils entreprendraient et publieraient à l'aide de ce document.

Bibliothèque nationale de France

Direction des collections

Département Littérature et Art

RÉFLEXIONS
PHILOSOPHIQUES
SUR
LE PLAISIR.
TROISIÈME ÉDITION.

Revue, corrigée et augmentée.

AVIS DES LIBRAIRES.

La rapidité avec laquelle le Public a fait disparoître les deux premières Éditions de cet Ouvrage, ne nous a pas permis de lui présenter celle-ci aussi-tôt qu'il a paru la desirer. L'Auteur, jaloux de témoigner sa reconnoissance aux personnes qui ont bien voulu l'honorer de leurs conseils, a donné tous ses soins, à la révision de cet Opuscule moral, et très-moral, quoiqu'en aient dit *quelques Folliculaires*, qui, non-contens de flétrir la Gloire Littéraire du *Célibataire*, auroient presque voulu le faire passer pour un homme sans mœurs et un mauvais citoyen.

Nous laissons aux Éditeurs, et sur-tout au Public, le soin de venger l'Auteur de ces criminelles imputations; et nous renfermant dans notre partie, nous nous bornerons à annoncer ici que malgré *la prétendue irrévocabilité* du prix de cet Ouvrage, les augmentations considérables faites à cette Édition, et les frais énormes qui en ont été la suite, ont obligé d'en porter le prix à TRENTE SOLS, broché, *franc de port par-tout le Royaume*.

On verra dans l'Avertissement des Éditeurs que les Exemplaires sur papier d'Hollande, tirés à très-petit nombre, loin d'avoir éprouvé une augmentation progressive, ont été diminués d'un cinquième. C'est un sacrifice que l'on a cru devoir faire à la curiosité des Amateurs.

Le prix des Reliures est toujours le même.

On trouve aux mêmes Adresses le FAKIR, *Conte en vers, et le* FLATTEUR, *Comédie de M. de Lantier, que les Comédiens promettent depuis long-temps de remettre au Théâtre.*

RÉFLEXIONS
PHILOSOPHIQUES
SUR LE PLAISIR;
PAR UN CÉLIBATAIRE.

Hoc legite, Austeri, crimen amoris abest.

TROISIÉME ÉDITION.

Revue avec soin, corrigée avec docilité, et augmentée de cinq ou six petits morceaux qui n'avoient point encore paru.

A LAUSANNE, *en Suisse.*
Et se trouve à PARIS,

Chez
- L'AUTEUR, rue des Champs-Elysées, F. S. H.
- La Veuve DUCHESNE, Libraire, rue Saint Jacques;
- LE JAY, rue Neuve-des-Petits-Champs;
- BAILLY, rue Saint-Honoré;
- La Veuve ESPRIT, au Palais Royal;
- PICHARD, quai des Théatins;
- PETIT, quai de Gèvres, à la Littérature Moderne.

1784.

Avis aux Souscripteurs du Journal de Neuchâtel.

CET OUVRAGE, commencé en 1732 et continué jusqu'en 1781, sous le titre de *Journal Helvétique*, a pris à cette dernière époque un nouveau degré d'intérêt : on a cherché à lui donner une forme purement littéraire, et sur-tout à le rendre piquant pour les Lecteurs de Paris, par une *Critique raisonnée de toutes les Nouveautés Dramatiques* jouées sur les principaux Théâtres de cette Capitale.

Les Propriétaires de ce Journal ayant jetté les yeux, pour la rédaction de cette partie, sur l'Auteur des *Réflexions Philosophiques sur le Théâtre*, déja connu par quelques Pieces en ce genre ; il a saisi avec empressement cette occasion de travailler à mériter de plus en plus les encouragemens du Public, et de manifester son amour pour un Art devenu depuis long-temps l'objet de ses travaux & la source de ses plus douces jouissances.

Le Public a bien voulu honorer ce travail de l'accueil le plus flatteur ; il l'a regardé comme une suite de l'ancien Journal des Théâtres, dont il regrette tellement la suppression, qu'il a saisi avec avidité ce qui pouvoit en quelque sorte le lui rappeller.

Des obstacles indépendans et des Auteurs et des Protecteurs de ce Journal, en ont gêné jusqu'à ce moment la distribution, et paroissent même avoir indisposé quelques Souscripteurs. Sensible à ces craintes ou ignorances, on a tâché d'en faire cesser la cause ; et par le moyen des nouveaux arrangemens qu'on a su prendre, on peut assurer que cet Ouvrage n'éprouvera plus désormais aucun retard, et que chaque Numéro paroîtra régulierement dans le courant du mois dont il porte le nom.

Chaque Cahier est composé de six feuilles ou 96 pages in 8°, dont un tiers est consacré aux extraits des Ouvrages nouveaux, un tiers à l'article *Théâtres*, & le reste rempli par des Pieces fugitives en vers & en prose et quelques notices relatives aux Arts.

Il en paroît douze Cahiers par an.

L'abonnement est toujours de 24 liv. franc de port par la Poste dans tout le Royaume.

On trouvera des Quittances de Souscription :

Chez *l'AUTEUR*, rue des Champs-Élysées,

La Veuve DUCHESNE, Libraire, rue Saint-Jacques ;

LE JAY, rue Neuve-des-Petits-Champs ;

Et PETIT, Quai de Gêvres.

On ne garantira aucune Souscription faite ailleurs, et toutes les quittances seront signées et paraphées par l'Auteur.

Le premier Cahier de 1784 paroîtra dans les premiers jours d'*Avril*, mois qui commence l'année dramatique.

AVERTISSEMENT DES ÉDITEURS
Sur cette troisième Édition.

LE succès (nous n'avancerons rien que nous ne soyons en état de prouver) des Réflexions Philosophiques sur le Plaisir, est dû, sans doute, comme l'a très-bien remarqué l'Auteur lui-même, au revers du titre perdu de la *seconde* Édition, à l'extrême bienveillance du Public. Le Célibataire, impatient de lui témoigner sa reconnoissance, et de la lui témoigner en personne, (comme il est d'usage de passer soi-même chez ses Grands Parens aux bons jours) nous a enlevé jusqu'à cette satisfaction. On va lire ce qui s'est passé dans leur entretien; et quoique le *Public* ait prévenu la visite que M. G. D. L. R. étoit dans l'intention de lui faire, en voulant bien se rendre lui-même à son domicile, l'Auteur n'en sera ni moins respectueux, ni moins soumis envers ce Juge redoutable, d'autant plus à craindre qu'il a daigné d'abord se montrer indulgent.

(6)

Mais avant de donner quelques éclaircissemens nécessaires à l'honorable Lecteur pour l'intelligence des choses extraordinaires que nous lui présentons, qu'il nous soit permis à notre tour de nous faire connoître. Nous ne nous adresserons point au *Public*, une telle témérité n'appartenoit qu'à l'Auteur lui-même; mais nous bornant à converser avec les *Acquéreurs* de cet Ouvrage, nous aurons l'honneur de leur faire savoir, le plus respectueusement que faire se pourra, les choses dont suit la teneur.

C'est à savoir,

Primò: Que l'Ouvrage, augmenté de plus d'un tiers, et presqu'entièrement refondu, demeurera (comme il vient d'être dit par les Libraires) irrévocablement fixé pour le Public au prix de 30 sols, au lieu de 24.

Secundò: Mais que les Exemplaires sur papier d'Hollande, qui se vendoient 3 liv. ainsi qu'il est marqué au revers du faux titre des deux premières Éditions, ne coûteront plus aujourd'hui que 2 liv. 8 sols.

Tertiò : Nous espérons qu'une compensation aussi judicieuse désarmera l'indignation des personnes qui pourroient croire que nous abusons de la vogue pour exhausser le prix, et qui ne verroient dans notre nouvelle annonce qu'une augmentation de 6 s. sans songer qu'on leur donne 136 pages au lieu de 80 ; et que par conséquent les frais de composition, d'impression, de tirage, de relevage, de distribution, de papier, de brochure, et de port itinératif sont augmentés dans la proportion de 136 à 80, ou pour parler plus clairement de $58 \frac{14}{15}$ pour 100.

C'est principalement aux personnes peu fortunées que nous adressons ces détails. Les *Gens du monde* les regarderont, sans doute, comme fort au-dessous d'eux, et nous croirions insulter à leur délicatesse en leur demandant excuse d'un renchérissement dont nous venons d'établir les causes et les motifs. Ils ont donné dans tous les tems trop de preuves de *l'amitié qu'ils portent à l'Auteur* de cet Ouvrage, pour vouloir dans cette occasion s'élever contre nos *intérêts*.

Le mot est lâché, et nous ne l'effacerons pas; oui, honorable Lecteur, nos intérêts. Il est permis à un Auteur de les négliger. La gloire, (qui cependant à Paris ne tient pas toujours lieu d'autres choses,) la gloire lui fait oublier tout ce qui n'est pas elle. Il ne reste aux Éditeurs que les détails Typographiques et les soins mercantilles, plus lucratifs, il est vrai, mais toujours insuffisans, si on les compare aux travaux immenses qui sont souvent agens avant de devenir produits.... Ceci est peut-être obscur pour les Libraires, mais en soldant au comptant, comme plusieurs ont toujours fait (1), ils s'éviteront la peine et l'embarras d'une interprétation souvent plus obscure que le texte même.

Tel est à-peu-près ce que nous avions à dire de la partie mercantille de cet Ouvrage. Passons à une plus noble, à sa division nouvelle et aux changemens consi-

---

(1) Entre autres Madame la Veuve Duchesne, M. Le Jay, M. Bailly, & M. Petit du quai de Gèvres. *Nous leur devions la justice & la distinction de les nommer.*

dérables que l'Auteur a faits à cette édition; changemens nécessaires, indispensables à sa gloire, à son repos, à son intérêt, au bonheur de sa vie et à la conservation de ses goûts; le Lecteur s'en appercevra facilement, en jettant les yeux sur les *Dialogues* suivans, conçus en deux jours, composés et écrits entiérement en une nuit (2). Cela paroîtra peut-être difficile à croire ; mais nous l'attestons sur notre parole d'honneur, et nous en avons déposé la preuve chez un Notaire. Ce fait prouvera tout au plus (aux yeux de bien des gens) que l'Auteur n'a pas beaucoup dormi cette nuit là, à la bonne heure. Mais n'est-ce rien qu'une nuit bien employée, et puis d'ailleurs si le tems ne fait rien à l'affaire, il ne rendra pas non plus l'Ouvrage plus mauvais. D'où nous concluons qu'il est nécessaire de lire ces Dialogues avant de les juger.

Les changemens opérés dans cette édition, la dernière faite du vivant de l'Auteur, et d'après laquelle on dirigera toutes

----

(2) Celle du Samedi 22 au Dimanche 23 Mars 1783.

les autres (si besoin est d'en faire de nouvelles) sont divisibles en trois classes.

ADDITIONS.

Elles sont faciles à remarquer.

CORRECTIONS.

La docilité de l'Auteur pour les conseils de ses amis se fait voir ici toute entière ; et autant il méprise les libelles, les satyres anonymes, et les gazettes hebdomadaires, autant il se fait gloire d'avoir profité des leçons du goût, du désintéressement et de la franchise (3).

RÉVISION.

On peut assurer qu'elle a été très-exacte, et jamais partie typographique ne fut plus soignée que la nôtre, grammaticalement parlant. On s'appercevra facilement à la beauté des caractères, et à la netteté de la composition, que nous avons fait choix d'un

___

(3) Parmi le très-petit nombre de Journalistes qui, à l'époque où ceci a été écrit avoient déjà parlé des Réflexions philosophiques sur le Plaisir, nous avons distingué l'Année Littéraire, et nous oserons proposer cet extrait pour modèle à tous les Auteurs Polémiques ; ils y trouveront des leçons de logique, de modération, et de politesse ; trois qualités dont ces Messieurs ont souvent besoin.

Imprimeur habile ; et si ce changement, que les circonstances ont nécessité, et dont nous nous applaudissons aujourd'hui, a causé quelque retard, nous en sommes bien amplement dédommagés par les agrémens résultans de cette nouvelle liaison, et des rapports qui lient l'Artiste estimable avec l'Homme-de-Lettres honnête : au reste nous laissons à d'autres le soin et l'honneur de donner de *Fastueuses* Éditions ; nous nous bornons à offrir la nôtre correcte et simple.

Par une suite de ce principe, nous pouvons assurer que des six mille exemplaires qui composent cette troisième Édition (ce qui ajouté aux deux mille six cens tirés précédemment sur les deux premières, forment un total de neuf mille neuf cens soixante-dix-sept, y compris le papier d'Hollande et les mains de passe :) *il n'en a point été et il n'en sera jamais donné un seul au-dessous du prix fixé*, tant pour les Libraires que pour le Public.

Cette déclaration importoit à notre délicatesse qui dans ce cas se trouve liée avec nos intérêts ; et si l'Auteur se plaît à *donner son Ouvrage à ses plus intimes Amis* (4), nous nous plairons aussi en notre qualité de dépositaires de sa confiance et de sa fortune, à soutenir irrévocablement son prix de 30 s. malgré tous les ressorts qu'on ne manquera pas sans doute de faire jouer pour nous obliger de le remettre à 24. Ressorts que nous mépriserons constamment, et auxquels nous opposerons toujours ce beau principe reconnu en Librairie, et familier aux bons Auteurs comme aux honnêtes Libraires (5) : *Qu'il vaut mieux brûler toute l'Édition d'un Livre, que de le déshonorer en en baissant le prix.* I. K. L.

---

(4) On en verra le nombre dans le Dialogue suivant.

(5) Si la modestie de Madame la Veuve Duchesne nous permettoit de faire ici son éloge, nous oserions la citer pour modèle à tous les instrumens de la gloire des Auteurs ; mais les personnes qui ne lui ressemblent pas préféreroient sans doute à nos éloges le motif d'une reconnoissance que nous sommes loin de rougir d'avouer, et que partagent (nous osons le dire) tous les Littérateurs qui ont eu à traiter avec elle.

RÉPONSE
DE L'AUTEUR AUX ÉDITEURS

Sur l'Avertissement qu'on vient de lire.

JE suis infiniment sensible aux soins que vous prenez de ma gloire, et reconnoissant de ce que vous avez bien voulu me débarrasser de ceux de l'intérêt, et de toutes les discussions et les vuides défectueux que nécessairement ils entraînent, même en Librairie : — Demandez à M. D...... qui doit encore tout ce qu'il a vendu de mes deux premieres Éditions.

Je suis fâché que vous ne me permettiez pas de vous témoigner publiquement et nominativement mon expansive reconnoissance.

Il est rare de voir l'amitié prendre avec autant de chaleur la cause de la gloire, et vous me feriez presque pardonner par votre condescendance mes foibles succès.

Votre délicatesse, qui veut cacher aux

yeux du Public tout ce que je lui dois, m'empêche de lui apprendre votre nom; mais elle ne peut imposer le même silence à ma gratitude.

Il seroit nécessaire que les Libraires qui doivent traiter avec vous directement, sussent au moins votre adresse; mais ce seroit lever le voile de l'Anonyme dont vous voulez demeurer impénétrablement couverts.

J'en suis d'autant plus fâché, que j'avois bâti là-dessus un plan assez bien entendu; et que nous nous serions partagé la Capitale pour mieux servir ses habitans.

En supposant que vous habitiez le centre de la Ville, toute la rue Saint-Jacques, (cet antique berceau des Lettres, des talens et des Libraires;) le quai des Augustins, si célèbre autrefois; la rue du Hurepoix, qui n'en est qu'une prolongation resserrée; le pont Saint-Michel; le pont Notre-Dame, si recommandable par son ingénieuse machine hydraulique; le quai de Gêvres, cet endroit délicieux, le centre des Arts agréables et des beautés séduisantes et modestes ; le Palais et le Pont-au-Change, auroient traité avec vous directement et définitivement, sans qu'il eût été besoin que je m'en mêlasse en aucune façon ; et je me serois reposé sur votre zèle autant que sur l'honnête exactitude des Libraires de cette contrée de la rentrée de nos recouvremens.

Ma position me mettant à portée d'avoir affaire avec tout ce que m'abandonne la rive orientale de la Seine, j'aurois traité avec la rue Saint-Honoré, (bien déshonorée aujourd'hui dans un certain sens) l'Hôtel de Soubise, le Boulevard de l'Opéra, la rue Mauconseil, M. le Jay, le Palais Royal et le Jardin des Tuileries, si voisin de ma champêtre et délicieuse demeure : je dis délicieuse, et sur-tout en été ; car vous savez que dans la saison pluvieuse, je suis séparé du reste des humains par d'immenses bourbiers et de longs intervalles ; et que ce motif étoit un de ceux qui m'engageoient à la quitter pour me réunir à vous.

Adieu, Messieurs, portez-vous bien, et purgez-vous souvent; c'est la santé de l'ame et du corps, vous le savez; et j'aurois mauvaise grace dans mes principes pharmacopéens, de chercher à vous persuader le contraire. (6)

Amate semper Auctorem, et tradite illi Opera.

___

(6) Des personnes jalouses ou mal intentionnées ont fait un crime à l'Auteur de cet Ouvrage d'user souvent des secours de la Pharmacie, quoique jouissant d'une santé parfaite. On a été jusqu'à dire qu'il se purgeoit deux fois par semaine, et le reste en proportion. Il faut bien en vouloir au pauvre Célibataire, pour descendre ainsi jusques dans les moindres détails de sa vie privée. Il ne s'amusera pas à disputer sur la plus ou moins grande quantité de médicamens dont son goût le porte à faire usage; et sans prétendre que c'est à ce régime qu'il doit sa santé, il observera seulement que jamais ce goût qu'on lui reproche ne l'a fait manquer à aucun de ses devoirs.

Note des Éditeurs.

___

N. B. *Le défaut d'espace ne laissant que le choix entre la Table annoncée dans les Préliminaires, et l'Errata que quelques changemens rendoient indispensable, on a préféré ce dernier, et l'on prie le Lecteur de suppléer à l'autre.*

PRÉLIMINAIRES

PRÉLIMINAIRES indispensables présentés par l'Auteur à ceux qui voudront bien acheter son Livre et principalement le lire, (car ces deux conditions ne sont pas toujours inséparables chez les Gens du monde.)

Une table sommaire, placée à la suite de l'Ouvrage, et sous le talon du titre *Fin de la dernière feuille*, indiquera l'ordre typographique et successif des différentes matieres qui composent ce volume; matieres fort étrangeres au *Plaisir* il est vrai, à moins que c'en soit un pour nous de nous justifier.

A la suite du *Dialogue de l'Auteur et de l'Éditeur*, on trouvera la conversation littérale de ce premier avec le Public. Elle a été rédigée juridiquement par un Homme de Loi, témoin auriculaire; et l'original (7) sera communiqué deux fois la semaine aux incrédules qui le requerront.

Cet Entretien de l'Auteur avec le Public, qu'on pourroit appeller *la profession de foi du Célibataire*, fera donc partie de ces Préliminaires, qui sont plus étendus que de coutume, il est vrai; mais il sera facile à nos Lecteurs ennuyés, de se sauver par un retour de feuillets des désagrémens indispensables peut-être d'une pareille lecture, où l'Auteur a été forcé de s'occuper de *lui*, (8) beaucoup plus qu'il ne l'auroit voulu.

A la suite de tous ces préliminaires commence l'Ouvrage; et bien des gens nous ont

---

(7) Cet original est déposé chez un Notaire.
(8) Ceux qui connoissent nos usages savent que LUI en capitale, ou même en italique du point courant, a une signification double; et que cette signification est même tout-à-fait hyeroglyphique, lorsque les capitales sont en lettres ornées.

assuré que le premier chapitre n'étoit lui-même qu'une préface. Comme il renferme la définition du Plaisir, nous croyons que c'est nous prouver que nous l'avons rendue avec vérité, que de la regarder comme un préliminaire. Le Plaisir n'a jamais été considéré au physique, et par nous, que comme un être purement factice, dont l'existence ne peut déterminer la durée ; qui s'échappe dans son cours tantôt comme un torrent impétueux, tantôt comme un ruisseau tranquille, avec cette différence néanmoins que la source de l'un paroît éternelle, et que celle de l'autre est fort intermittente.

L'Ouvrage est divisé comme ci devant; les Jeunes-Gens suivent les Femmes, et le Mariage précède le Célibat. La dernière partie devoit contenir des Notes, et les pièces justificatives; mais on a été forcé de les supprimer pour ne pas trop grossir cette Brochure; cependant si le Public paroit desirer ces différens morceaux, il sera facile de le satisfaire, et de joindre ces opuscules aux *Réflexions philosophiques sur la Douleur*: Ouvrage qui pourra faire pendant à celui-ci, et qu'on espère pouvoir livrer dans le courant de Novembre 1783. (9)

---

(9) Le Célibataire compte publier chaque année quatre Ouvrages, sous le titre de Réflexions philosophiques; lesquels réunis pourront former un vol. in 8°. d'environ 400 pages. Ces Réflexions auront pour objets différens sujets de morale; et l'on y traitera, sous un point de vue philosophique, beaucoup de choses qui au premier coup d'œil n'en paroissent pas susceptibles; tels que les différens états de la vie, plusieurs monumens de la Capitale, les événemens récens qui paroîtront fixer l'attention du Public, &c.

Quoique ce plan semble un peu rentrer dans celui du Tableau de Paris, un examen plus réfléchi fera voir cependant que ces deux Ouvrages n'auront aucun rapport. Le but du premier étoit de tout effleurer, et de ne montrer les choses que du côté piquant ou ridicule; le nôtre au contraire est de tout approfondir, et de ne nous arrêter que sur des objets qui nous paroîtront mériter les regards du vrai Philosophe, et présenter des Réflexions utiles.

DIALOGUE I.

Entre l'Auteur et l'Éditeur. (10)

L'AUTEUR dans son Cabinet corrigeant la dernière épreuve de sa troisième Edition.

Oui, ... cependant, ma foi non, ... pourquoi pas, l'idée est plaisante, et je vais écrire au Public ?

L'Edit. — Au Public ? qu'elle folie ! et que va-t-on dire ?

L'Aut. — Si ma lettre est honnête, qui diable pourroit s'en plaindre ? D'ailleurs, vous savez bien qu'on ne peut être Juge et Partie dans sa cause ; et lorsqu'on écrit au Public, on ne doit pas craindre d'être blâmé de personne.

L'Edit. — Ma foi, vous avez raison... vous êtes un grand Original.

L'Aut. — Je le sais bien : mais chut, laissez-moi travailler.

―――――――――――――

(10) C'est-à-dire l'un des Éditeurs ; car tout le monde sait qu'ils sont trois ; M. L....., M. K....., et M. L..... On n'en saura jamais davantage.

(Il écrit.) *Lettre du Célibataire, Auteur des Réflexions Philosophiques sur le Plaisir, au Public.*

MONSIEUR,

Pénétré de la plus vive reconnoissance, permettez que j'ose ici vous la témoigner. Quoique vous ne soyez guère dans l'usage de lire tout ce qu'on vous écrit, j'espère que vous dérogerez à cette coutume en ma faveur, et qu'après avoir *dévoré* l'ennui de parcourir deux Editions de mon Ouvrage sur le Plaisir, vous ne refuserez pas de lire cette troisième ; et sur tout le Chapitre nouveau que j'ai pris la liberté d'y ajouter.

Il a pour titre ...... mais non, il est plus poli, de vous le laisser nommer à vous-même ; et je ne veux pas encourir une seconde fois vos reproches sur le peu de rapport de mon titre mon Ouvrage.

Vous prétendez, Monsieur, m'a-t-on assuré, qu'un Livre sur les Femmes, les Jeunes Gens, le Mariage et le Célibat, ne doit point s'intituler *Réflexions philosophiques sur le Plaisir*, et qu'un tel titre est vague lorsque l'Ouvrage n'y répond pas : *Concedo*. Mais l'Ouvrage y répond ; et je me hâte de le prouver, avant que Messieurs les Journalistes me préviennent... Mais non, Monsieur, une telle dissertation deviendroit superflue et pourroit bien vous ennuyer sans vous convaincre ; d'ailleurs, vous qui êtes un Etre instruit, bien élevé, et par conséquent très-poli, vous seriez le premier à prendre mon parti, sans doute, si l'on soutenoit en votre présence, que les Femmes, les Jeunes Gens, le Mariage et le Célibat, ne peuvent procurer un peu de Plaisir. Ils procurent bien d'autres choses aussi ; demandez.....

Au reste, vous trouverez dans mon Postscriptum de plus amples éclaircissemens. Comme je ne crois pas que jamais il vous prenne fantaisie de me venir voir, j'ai voulu vous écrire cette petite lettre, & me donner cette occasion de vous renouveller l'assurance de la considération très distinguée, et sur-tout du profond respect avec lequel Je suis,

MONSIEUR,
    Votre très-humble
    et très........

L'Editeur effrayé. — Monsieur, on sonne, ouvrirai-je ?

L'Aut. — Trois coups.

L'Edit. — Oui, Monsieur.

L'Aut. — Sans doute, mon ami, vous savez bien que je ne fais jamais attendre personne.

L'Edit. — Il est vrai, il n'y a rien à vous reprocher de ce côté là ; vous savez que le temps qu'un homme en place fait attendre est toujours employé à mal parler de lui et....

L'Aut. — Ouvrez donc, je vous prie.

L'Edit. — Encore un petit mot : il faut mieux faire attendre sur son escalier que dans son antichambre ; l'un est tout naturel, et l'autre me semble impertinent.

L'Aut. — Vous avez raison ; aussi les Gens de Lettres et les Gens du monde ont-ils là-dessus des principes fort différens.

L'Edit. — Vous en voulez terriblement à ces Gens du monde ; ils sont si polis, si aimables, si affectueux ; vous n'avez, je crois, jamais eu à vous en plaindre. Voyez comme ils ont acheté votre Livre, et cela sans marchander au moins, vingt-quatre sols..... Ah, ma foi vous leur devez quelque reconnoissance.

L'Aut. — Vous croyez ?

L'Edit. — Sûrement ; et quant à ce Monsieur qui voudroit à toute force avoir de l'esprit, et qui croit qu'il suffit d'être Calembourdier,......., et plagiaire, pour devenir homme important.

L'Aut. — De qui donc me parlez-vous-là, je ne connois personne de cette espèce ?

L'Edit.—Il est vrai qu'une telle *Espèce* n'étoit guère faite pour être votre Ami.

L'Aut. (*étonné.*) — Mon Ami ?

L'Edit. — Est-ce qu'à l'exemple de M. Discord vous n'avez pas d'Amis ?

L'Aut. — Ma foi je n'en sais rien ?

L'Edit. — Vous n'en savez rien ?

L'Aut. (*souriant.*) — Je m'en connois deux, mon cher Editeur ; mais je me garderai bien de les nommer ici ; ce seroit le moyen de les mettre mal avec le Public.

(*On sonne à coups redoublés, mais cependant d'une façon modeste.*)

L'Aut. — Ah mon dieu ! allez donc ouvrir…

(*L'Editeur va vers la porte, regarde par le judas, et revient tout effrayé*) : — Monsieur c'est le Public !

L'Aut. — Le Public ?

L'Edit. Oui, Monsieur, je le connois.

L'Aut. — Mon cher, je crois bien *le connoître* aussi un peu ; mais quelle apparence qu'il vienne me visiter ; il me semble que nous étions brouillés ensemble.

L'Edit. — C'est apparemment pour se raccommoder qu'il vient vous voir ; comment le recevrez-vous ?

L'Aut. — De mon mieux.

L'Edit. — Vous le flatterez ?

L'Aut. — Non, je ne flatte jamais les gens que j'aime.

L'Edit. — Et ceux que vous n'aimez pas?

L'Aut. — Je les fuis sans les haïr, et je les crains sans les flatter.

L'Edit. — Vous avez raison de les fuir; mais vous devriez les ménager, et compter qu'à vingt-quatre ans.....

L'Aut. (*distrait.*) — Vingt-quatre ans?

L'Edit. — Sans doute, n'êtes-vous pas né le 20 Novembre 1758?

L'Aut. — Vous avez raison, je me croyois plus jeune.

L'Edit. — Vous n'êtes pas le seul.

L'Aut. (*impatienté.*) — Eh bien, Monsieur l'Editeur, qu'a de commun, je vous prie, mon âge, mes ennemis, mes fautes et mes plaisirs, avec ce Monsieur qui sonne à ma porte, et qui...

L'Edit. (*souriant.*) — Et qui, quoi, qu'est ce, parce que ......

L'Aut. — Ah! mon dieu, vous parlez là comme les *petites Affiches.* (11)

L'Edit. (*se rengorgeant.*) — Mais, Monsieur, ce sont des adverbes ..... et puis quand même.

L'Aut. — Mon ami, vous radotez; d'ailleurs

---

(11) Voyez la feuille du 20 Mars.

vous savez bien que je n'aime pas les adverbes, et qu'à l'exception de *Car*........

L'Edit. — Ah, il est vrai, celui-là explique beaucoup de choses.

L'Aut. — Je lui défie bien d'expliquer tout ; demandez au Public.

L'Edit. — Mais, Monsieur, vous oubliez qu'il attend depuis un quart-d'heure à votre porte.

L'Aut. — Oh, il est patient.

L'Edit. — Il est vrai, et vous êtes payé pour le savoir.

L'Aut. — Moi, que voulez-vous dire ?

L'Edit. — Rien. Ce que je dis n'est pas que j'en parle ; et Madame de ***. (12)

L'Aut. — Madame de *** n'est point une femme *publique*.

L'Edit. — Mon dieu, je le pense bien, les femmes sont aujourd'hui tellement égoïstes, qu'il n'y aura bientôt plus de Catins.

L'Aut. — Tout doux, Monsieur mon Éditeur, ne dites pas de mal des femmes ; je les ai toujours *respectées* ; et c'est peut-être ce qu'e.....

L'Edit. Eh bien, ce qu'e........

---

(12) C'est l'Auteur d'une Lettre anonyme, écrite toute entière en proverbes, et que le Célibataire a reçu trois jours après la publication de son Ouvrage.

L'Aut. (*souriant.*) — Ce qu'elles ont eu plus de peine à me pardonner.

Trop de respect, souvent mene à l'ingratitude.

L'Edit. — Ah, des vers et des vers tragiques; cela est trop fort aussi. On m'a dit à propos que vous vouliez jouer la Comédie, que les habits, les décorations.....

L'Aut. — Il est vrai, mon ami, il ne nous manquoit que des Acteurs, un théatre et la permission.

L'Edit. — La permission? Et de qui?.....

L'Aut. — Oh, de quelqu'un que je ne veux pas nommer.

L'Edit. — Pourquoi?

L'Aut. — C'est qu'il craint de se voir imprimé; et qu'il a peur des Gens de Lettres comme du...

L'Edit. — C'est apparemment que jamais il n'en a vu d'honnêtes.

L'Aut. (*Souriant*) — Il en est si peu.

L'Edit. — Ah, Monsieur, vous parlez là comme un homme du monde.

L'Aut. — Oh mais je ne pense pas tout ce que je dis.

L'Edit. — Et vous vous dites tout ce que vous pensez : il faudroit faire le contraire.

L'Aut. — Il est vrai ma raison me le dit chaque jour ;
Mais la raison n'est pas ce qui règle .....

L'Edit. — Chut ....

L'Aut. — Qu'est-ce ?

L'Edit. — Ah, Monsieur, n'achevez-pas, ils vont vous croire Amoureux.

L'Aut. (*souriant.*) — Eh bien, quand cela seroit, est-ce donc un si grand mal ? Va, mon ami, l'amour n'est pas dangereux dans ce pays-ci passé dix-huit ans ; d'ailleurs on ne l'est qu'une fois, et tu sais ......

L'Edit. — Oui, je sais là-dessus tout ce qu'on peut savoir ; mais ne rouvrons point un plaie qui doit saigner encore.

L'Aut. Saigner encore ! oh je ne suis pas si sot ; il y a quatre ans qu'elle est fermée.

L'Edit. — Tant que cela ?

L'Aut. — Sans doute, 16 Novembre 1779, compte.

L'Edit. — Vous avez raison .... Mais à propos, vous êtes l'homme aux dates.

L'Aut. — Il est vrai, j'en ai la réputation.

L'Edit. — Et bien acquise, en vérité ; c'est un ridicule que.......

L'Aut. — Un Ridicule ? qu'entends-tu par ce mot ?

L'Edit. — Vous le savez mieux que personne, vous en avez tant reçu !

L'Aut. — Il est vrai, Monsieur ; mais je n'en ai jamais donné.

L'Edit. — Cela vous auroit cependant été facile, et sans aller si loin.....

L'Aut. — Tu ne me connois pas, je suis Homme de lettres, et ce titre dont je m'honore me préserve de bien des écarts.

L'Edit. (*à part.*) — Pas trop (*haut*): j'entends, vous méprisez les victoires faciles.

L'Aut. — Cela est encore vrai.

A vaincre sans péril, on triomphe sans gloire.

L'Edit. — Oh mon dieu ! c'est bien dit. Mais à propos de Gloire, est-ce que vous courez toujours après ?

L'Aut. — Oui, mon ami, je n'ai fait que cela toute ma vie.

L'Edit. — Ma foi que je crains bien que vous vous soyez trompé de chemin, et que vous n'ayez pris que le sentier du Ridicule !

L'Aut. —

Le bon sens du maraud quelquefois m'épouvante.

L'Edit. — Ah, voilà de la Métromanie à présent ; il ne vous manquoit plus que cela.

L'Aut. — Tu sais bien qu'en ce genre rien ne me manque.

L'Edit. — Il est vrai, (*à part.*) excepté le bon sens.

L'Aut. — Qu'est ce à dire, Monsieur ?

L'Edit. — Oh! vous m'entendez de reste, et vous savez bien qu'ils disent par-tout que vous êtes *fou.*

L'Aut. — Qui, *ils ?*

L'Edit. — Le Public.

L'Aut. — Le Public a pu le dire quelquefois, mais il a trop d'esprit pour l'avoir jamais cru.

L'Edit. — Tout de bon?

L'Aut. — J'en suis sûr.

L'Edit. — Comment, assez sûr pour parier?

L'Aut. — Tu sais bien que je ne parie jamais autrement.

L'Edit. — C'est le moyen de ne jamais perdre.

L'Aut. — Aussi disent-ils que je suis intéressé, et que je loue mon carrosse à 24 sols par heure.

L'Edit. — Ce ne seroit pas cher. Mais, tout de bon, qui diable a pu faire naître ce bruit?

L'Aut. — Ma foi, je n'en sais rien; il y a quatre ans qu'ils disent cela à qui veut l'entendre.

L'Edit. — Qui donc, *ils ?*

L'Aut. — Comment, tu ne sais pas?

L'Edit. (*ébahi*) — Non; mais je devine; ce sont les Méchans qui le disent aux Sots, et c'est le Public qui le croit.

L'Aut. — Est-ce que tu crois aux Méchans?

L'Edit. — Sans doute. Vous, par exemple, vous en avez la réputation; et tout franc……

L'Aut. — Oh! mon ami, combien de réputations usurpées!

L'Edit. — Celle-ci pourroit être plus méritée que celle de ce Monsieur.

L'Aut. — Quel Monsieur?

L'Edit. — Eh! ce grand flandrin au rire niais, à l'œil hébété, affectant par-tout un air d'importance, et qui se croit un Personnage, parce qu'il n'est qu'un Sot.

L'Auteur. —

> Pour bien peindre les gens vous êtes admirable;
> Et voilà, Dieu me damne, un Portrait véritable.

Je pourrois t'en faire aussi quelques-uns; mais je suis naturellement bon, et je ne veux de mal à personne.

L'Edit. — Cela est vrai, mais vous en dites.

L'Aut. — Moi, jamais; je ne m'amuse plus à la bagatelle.

L'Edit. — Mais vous en avez dit, j'en suis sûr.

L'Aut. — Moi, calomnier! tout au plus lorsque j'étois au Collège....

L'Edit. — Quoi! vous avez été au Collège?

L'Aut. — Sans doute.

L'Edit. — Et auquel?

L'Aut. — Au Plessis.

L'Edit.

L'Edit. — Ah diable! il y avoit autrefois des gens de mérite dans ce pays-là.

L'Aut. Il y en a bien encore.

L'Edit. — Monsieur, à propos de Collège, connoissez-vous Monsieur le Recteur?

L'Aut. — Oui, mon ami, c'est un homme de beaucoup d'esprit, très-poli, fort aimable, et l'on ne peut plus indulgent..... Mais je ne devrois pas faire son éloge.

L'Edit. — Pourquoi donc, Monsieur?

L'Aut. — C'est qu'il m'a, sur mon Livre, écrit une Lettre charmante.

L'Edit. — Sur celui-ci?

L'Aut. — Sans doute.

L'Edit. — Comment! M. le Recteur, le Chef d'un Corps aussi distingué par le mérite de ses Membres que par la pureté de sa doctrine; d'un Corps qui se qualifie à juste titre de Fille aînée de nos Rois, vous a écrit une Lettre *charmante*?

L'Aut. — D'où vient ce doute? est-ce que tu ne le connois pas?

L'Edit. — Non, Monsieur, je n'ai pas cet honneur.

C

L'Aut. — Ah! je ne suis plus surpris. Mais voici sa Lettre. (Il lit.) (13)

L'Edit. (étonné.) — On m'avoit dit que tous les Professeurs de l'Université étoient des pédans.

L'Aut. — Et qui t'a dit cela ?

L'Edit. — Mais, Monsieur, ce sont les Philosophes.

L'Aut. — Ouais !

L'Edit. — Sans doute, ils le disent à qui veut l'entendre.

L'Aut. — Eh! d'où connois tu ces Messieurs là ?

L'Edit. — Moi, Monsieur, vous ne savez donc pas que j'ai été Clerc de Procureur à Pétersbourg.

L'Aut. — Eh bien, qu'a de commun Pétersbourg et les *Philosophes* ?

L'Edit. — Oh, Monsieur, c'est qu'on les aime bien dans ce pays-là.

L'Aut. — Je le crois, c'est si loin !

L'Edit. — Oui, Monsieur, j'y en ai connu huit ou dix des plus célèbres.

L'Aut. — Huit ou dix Philosophes, bon Dieu ! c'est pire qu'un vaisseau de 110 canons.

L'Edit. — Oh que non, Monsieur, ils ne tirent plus qu'à poudre.

---

(13) Voyez les pièces justificatives.

L'Aut. — Et pourquoi cela ?

L'Edit. — Bon, que sais-je, moi ! Nul n'est Prophète en son pays, et puis, comme dit l'autre, *majore longinquo reverentia.*

L'Aut. — Comment ! tu sais le Latin ?

L'Edit. — Oui, Monsieur ; et vous ?

L'Aut. — Je l'ai appris autrefois, je m'en occupe souvent, et je serois fâché de jamais l'oublier : il est pour moi la source de mille jouissances inconnues aux Femmes.

L'Edit. — Vous pourriez ajouter aux gens du monde.

L'Aut. — Comment, est-ce que tu crois qu'ils ne savent pas le Latin ?

L'Edit. — Comment voulez-vous qu'ils le sachent, ils ne l'apprennent plus.

L'Aut. — Bah ! ce n'est plus une raison ; autrefois on apprenoit tout sans rien savoir, aujourd'hui l'on sait tout sans rien apprendre. Mais revenons aux Philosophes.

L'Edit. — Volontiers, Monsieur ; ce sont de bien braves gens.

L'Aut. — Comment braves ?

L'Edit. — Oui, Monsieur, ils ne craignent rien, ni honte, ni blâme ; ah il falloit voir à Pétersbourg, comme ils se moquoient de l'*Année Littéraire* !

L'Aut. — Diantre, c'est être brave, en effet.

L'Edit. — Oh! mais c'est qu'ils ne craignent ni Dieu ni Diable.

L'Aut. — A propos de Diable, est-ce que tu ne leur as jamais entendu parler de la *Dunciade?*

L'Editeur fait le signe de la croix.

L'Aut. — Qu'as-tu donc ?

L'Edit. — Ah! Monsieur, c'est que j'ai cru appercevoir M. P........Ah! c'est celui-là qui leur faisoit bien peur.

L'Aut. — Oui.

L'Edit. — Oh, mais c'est que c'est aussi un bien méchant homme.

L'Aut. — C'est mon ami.

L'Edit. — Votre ami !

L'Aut. — Oui, et j'en fais gloire. C'est l'homme de Lettres que j'estime et que j'aime le plus.

L'Edit. — Est-il possible ?

L'Aut. — C'est l'homme le plus doux, et le aimable que je connoisse.

L'Edit. — Boit-il bien ?

L'Aut. — Pourquoi cela ?

L'Edit. — C'est que j'ai observé qu'un bon convive n'est jamais méchant.

L'Aut. — Tu as raison ; je ne crains rien tant que les buveurs d'eau.

L'Edit. — Ah! Monsieur, c'étoit cependant, en Russie, le régime des Philosophes.

L'Aut. — Je le crois. Veux-tu que je te donne à dîner avec M. P.......? C'est un excellent convive, et, si tu veux, je te menerai chez lui à Argenteuil.

L'Edit. — A Argenteuil, où est cette Ville-là?

L'Aut. — C'est un Bourg fort agréable, à trois lieues de Paris, sur le bord de l'eau, tout vis-à-vis du *Moulin-Joli*.

L'Edit. — Monsieur, est-ce que M. P.......y est à présent?

L'Aut. — Non, il y a passé quinze ans de sa vie en butte aux bons procédés des Philosophes: mais il a enfin triomphé de tout, et il est en ce moment à Paris, recherché, fêté.

L'Edit. — Oui, mais pas aimé.

L'Aut. — Si, mon ami.

L'Edit. — Et de qui?

L'Aut. — De tous les honnêtes gens.

L'Edit. — Oui, mais des Philosophes?

L'Aut. — Oh! c'est différent.

L'Edit. — Monsieur, j'ai une grace à vous demander; faites-moi connoître M. P.......

L'Aut. — Pourquoi cela?

L'Edit. — Ah! Monsieur, je vous en prie.

L'Aut. — Je le veux bien.

L'Edit. — Où demeure-t-il à Paris ?

L'Aut. — Il demeure dans le Cloître Saint-Honoré.

L'Edit. — Eh bien, puisque c'est si près de chez vous, Monsieur, allons-y de ce pas...; ou plutôt, donnez moi à souper avec lui.

L'Aut. — Pourquoi à souper ? M. P........ ne fait qu'un repas, et c'est le dîner.

L'Edit. — Oh ! Monsieur, c'est égal.

L'Aut. — Comment, c'est égal ?

L'Edit. — Oui, Monsieur.

L'Aut. — Et que veux-tu dire par là ?

L'Edit. — Monsieur, c'est que je suis curieux de vous voir souper.

L'Aut. — Comment, est-ce que tu n'as jamais eu cette petite satisfaction-là ?

L'Edit. — Oh que si, Monsieur. Le premier Février, en balustrade, 339, l'huile et le cochon, les.....

L'Aut. — Paix ! chut !

L'Edit. — Comment, Monsieur, est-ce que j'ai mal dit ?

L'Aut. — Au contraire, tu as fort bien dit ; & moi j'ai fort mal fait.

L'Edit. — Et de quoi donc, Monsieur ?

L'Aut. — D'avoir donné à souper le premier Février.

L'Edit. — Comment, Monsieur, est-ce que c'étoit le Vendredi Saint?

L'Aut. — Tout au contraire, nous étions en Carnaval.

L'Edit. — Ah pardon, Monsieur, c'est qu'en Russie l'on ne connoît pas trop son Calendrier.

L'Aut. — Sur-tout lorsqu'on y sert des Philosophes.

L'Edit. — Mais, Monsieur, je ne vois pas alors le mal qu'il y a de souper le premier Février.

L'Aut. — Tu ne sais donc pas?

L'Edit. — Quoi, Monsieur?

L'Aut. — L'huile, les bougies, les mascarades.

L'Edit. —
 Eh bien, est-ce un forfait qui mérite la mort?

L'Aut. — Pas tout-à-fait; mais tu connois bien peu le monde.

L'Edit. — Oh que si, Monsieur, j'ai fait plus de deux mille lieues à pied.

L'Aut. — Oh bien, moi qui ne suis jamais sorti de Paris.....

L'Edit. — Vous n'êtes jamais sorti de Paris?

L'Aut. — Si, j'ai voyagé depuis seize jusqu'à dix-neuf ans.

L'Edit. — Et où donc ça, Monsieur?

L'Aut. — En France, en Hollande, en Suisse.

L'Edit. — Ah je comprends, c'est pour cela que vous avez fait imprimer les deux premières Editions de vos Réflexions Philosophiques à Neuchâtel.

L'Aut. — Justement ; et pour d'autres raisons que je te dirai quelque jour.

L'Edit. — Ah, Monsieur, pourquoi pas tout de suite ?

L'Aut. — Eh bien, c'est que j'y fais un Journal.

L'Edit. — Un Journal ? . . . . .

L'Aut. — Oui.

L'Edit. — Est-il bien cher Monsieur ?

L'Aut. — Il coûte un louis par an.

L'Edit. — Diable, on auroit pour cela toutes les Œuvres du Cheval. de . . . . .

L'Aut. — Tais-toi donc, il a fait cent quatre-vingt volumes.

L'Edit. — Pas possible.

L'Aut. — Il n'est pas le seul.

L'Edit. — Bon.

L'Aut. — Et M. R.... donc.

L'Edit. — Ah diable, c'est un vrai Philosophe celui-ci.

L'Aut. — C'est mon ami.

L'Edit. — On dit qu'il est misanthrope.

L'Aut. — Point du tout ; c'est un homme fort aimable.

L'Edit. — Est-il possible? eh bien, Monsieur, je m'en suis douté en lisant ses ouvrages; faites-le-moi connoître.

L'Aut. — Volontiers, quand tu voudras.

L'Edit. — Et bien, Monsieur, demain à souper avec M. P.......

L'Aut. — Pourquoi pas aussi avec M. de la H....?

L'Edit. — C'est qu'il n'aime pas M. R....

L'Aut — Oh çà, je le crois, cela fait deux Auteurs bien différens; il dit que M.R........ n'a pas de goût.

L'Edit. — Et lui, que dit-il de M. de la H.....

L'Aut. — Rien.

L'Edit. — Ma foi c'est le mieux; & si j'étois que de vous, je voudrois qu'on ne parlât pas de moi pendant six mois.

L'Aut. — Et pourquoi cela?

L'Edit. — C'est qu'on en a trop parlé.

L'Aut. — Tu le crois?

L'Edit. — Monsieur j'en suis sûr.

L'Aut. — Et en mal.

L'Edit. — Oh cela s'en va sans dire, Monsieur le sait bien.

L'Aut. — Que trop; mais mon ami accorde-toi, il faut être *conséquent* dans ce monde.

L'Edit. — Ah, Monsieur, vous me faites bien de l'honneur.

L'Aut. — Comment, tu veux qu'on ne parle pas de moi, et tu me demandes à souper? cela n'est pas compatible, il faut choisir, mon ami.

L'Edit. — Eh bien, Monsieur.....

L'Aut. — Allons, décide toi.

L'Edit. — Monsieur..... je.... ma foi.... Monsieur, j'aime mieux souper.

L'Aut. — Et moi aussi ; mais ce ne sera, pas chez moi.

L'Edit. — Pourquoi?

L'Aut. — Parce qu'il y auroit trop de monde.

L'Edit. — Nous ne serons que quatre.

L'Aut. — Qui ?

L'Edit. — Et bien, M. P......, M. R.... de la B......, Monsieur et moi.

L'Aut. — Et tu crois que tout cela ne fait que quatre personnes.

L'Edit. — Mais sûrement, Monsieur, que je le crois.

L'Aut. — Et la Balustrade donc ?

L'Edit. — Elle est brûlée, vous le savez bien.

L'Aut. — Oui, mais le Public.

L'Edit. — Comment le Public, est-ce qu'il vient tous les soirs vous voir souper ?

L'Aut. — Non, car je ne soupe plus.

L'Edit. — Vous ne soupez plus.

L'Aut. — Pour rétablir ma réputation.

L'Edit. — Diable, voilà un régime bien austère ; mais vous dînez ?

L'Aut. — Pas toujours.

L'Edit — Est-il possible ?

L'Aut. — Eh ! oui.

L'Edit. — Et pourquoi cela ?

L'Aut. — Parce nous ne sommes pas à Londres, et que M. P......... a bien raison.

L'Edit. — Vous connoissez M. P.........?

L'Aut. — Sûrement, qui ne le connoît pas ?

L'Edit. — Oh, vous avez raison, c'est le premier Libraire de la rue des Poitevins.

L'Aut. — Tu pourrois ajouter de l'Europe ; c'est lui par exemple qui donne de bons soupers.

L'Edit. — Je le crois : et M. de la R...?

L'Aut. — Oh cela c'est différent, c'étoit un bal.

L'Edit. — Un bal sans souper ?

L'Aut. — Oui, mais qui a duré toute la nuit.

L'Edit. — Il a donc aversion aussi pour le souper ce Monsieur de la R...; c'est dommage, car c'est un bien bon Acteur.

L'Aut. — Tu as raison ; c'est aussi un homme très-sensé ; et c'est pour cela qu'il ne veut plus souper ni donner à souper.

L'Edit. — Mais, Monsieur, si le projet de

M. P........... ne prend pas, on ne mangera donc plus à Paris.

L'Aut. — J'en ai bien peur.

L'Édit. — Et les Philosophes?

L'Aut. — Ils boiront de l'eau, et ils diront des injures.

L'Édit. — Monsieur, cela vous est bien aisé à dire; mais il faut avoir bien dîné pour pouvoir se mettre en colère.

L'Aut. — Oh que non; moi, par exemple, je connois des gens fort sobres, et qui n'en sont pas moins irascibles.

L'Édit. — Ah, Monsieur plaisante.

L'Aut. — Non, d'homme d'honneur.

L'Édit. — Et bien, Monsieur, moi c'est tout le contraire.

L'Aut. — Comment?

L'Édit. — Je mange beaucoup, je ne dis rien; mais pour cela je n'en pense pas.....

L'Aut. — Davantage, n'est-il pas vrai?

L'Édit. — Oui, Monsieur.

L'Aut. Eh bien, mon ami, vous avez cela de commun avec beaucoup de monde.

L'Édit. — Monsieur, vous me flattez; je ne croyois pas être si fort à la mode..... Monsieur, savez-vous bien qu'on tient encore beaucoup d'autres propos sur votre compte?

L'Aut. — Je le sais, et je m'en embarrasse peu.

L'Edit. — Cependant l'opinion publique est respectable.

L'Aut. — Pas toujours, sur-tout lorsqu'on connoît ceux qui la dirigent.

L'Edit. — Comment, Monsieur, est-ce que vous ne craignez pas le Public?

L'Aut. — Je le respecte beaucoup... Mais, à l'exemple du Métromane, j'en appelle souvent.

Du Parterre en tumulte au Parterre attentif.

L'Edit. — C'est-à-dire, que vous croyez gagner à être jugé de sens froid.

L'Aut. — Sans doute; mais comme dans ce pays on juge toujours sans savoir, il ne faut pas s'effrayer du bruit; et le meilleur bouclier qu'on puisse opposer à la Calomnie, c'est la Patience.

L'Edit. — Je sens bien qu'au fond vous avez raison...... Mais on ne doit jamais fronder les corps.

L'Aut. — Aussi ai-je toujours fait profession de les respecter. Les Capucins, par exemple, sont un de ceux que je revère le plus. Ils sont simples, modestes, humbles, serviables, et je les proposerois pour modèle aux.....

L'Edit. — (*l'interrompant.*) Monsieur, M. d'Al...... n'a-t-il été Capucin ?

L'Aut. — Non mon ami, pourquoi cela ?

L'Edit. — C'est qu'il est bien .... Avez-vous vu, Monsieur, dans le Journal de Linguet...........

L'Aut. — Oui je l'ai lu, et je n'ai pas de peine à le croire ; je le connois.

L'Edit. — Ah vous le connoissez, Monsieur ?

L'Aut. — Sans doute.

L'Edit. — Et lui.

L'Aut. — Il ne me connoît pas.

L'Edit. — Ah ! il a cela de commun avec bien du monde.

L'Aut. — Tu crois ?

L'Edit. — Oui, Monsieur, tout le monde parle de vous, vous montre au doigt, soupe chez vous, y déjeûne, ... et cependant personne ne vous connoît.

L'Aut. — Mais sais-tu bien que c'est un paradoxe que tu fais là.

L'Edit. — Monsieur, dites moi, je vous en prie, qu'est-ce qu'un paradoxe.

L'Aut. — Je le veux bien, sais-tu le Grec ?

L'Edit. — Non, Monsieur, mais je sais l'Allemand, cela revient au même.

L'Aut. — Comment, cela revient au même ?

L'Edit. — Oui, Monsieur.

L'Aut. — Et qu'est-ce qui t'a dit cela ?

L'Edit. — Mais, Monsieur, tout le monde.

L'Aut. — Tout le monde t'a dit que c'étoit la même chose de savoir le Grec ou l'Allemand ?

L'Edit. — Monsieur, les Philosophes disent que les Langues mortes sont inutiles.

L'Aut. — Bon ! c'est qu'ils ne savent pas s'en servir.

L'Edit. — Oh que si fait, Monsieur.

L'Aut. — Et qu'en sais-tu ?

L'Edit. — C'est que je les ai entendu parler Gascon.

L'Aut. — La Langue Gasconne est une fort jolie Langue, mais ce n'est pas une Langue morte.

L'Edit. — Ni ceux qui la parlent, je vous en répons.

L'Aut. — Tu crois.

L'Edit. — Ah, Monsieur ! je sais ce qu'il m'en a coûté pour n'avoir pas su cela plutôt.

L'Aut. — Comment, est-ce que tu aurois été dupe quelquefois ?

L'Edit. — Vous savez, Monsieur, qu'on commence toujours par-là; et que les Gascons et les Philosophes font souvent payer cher le plaisir de les connoître. Mais revenons aux Paradoxes.

L'Aut. — Je le veux bien. Un Paradoxe est une contre-vérité; et c'est ce qui fait qu'aujourd'hui, il faut être, pour ainsi dire, un Homme Paradoxal, pour avoir toujours raison.

L'Edit. — Mais, Monsieur, pourquoi cela?

L'Aut. — Demandez aux Philosophes.

L'Edit. — Oh, Monsieur.... Voilà qui est trop fort. Et cet acharnement pourroit aux yeux de bien des gens ressembler à de la partialité.

L'Aut. — J'aurois bien de choses à te répondre; mais je te renvoie à mon éloge de Fréron qui paroîtra l'année prochaine.

L'Edit. — Ceci doit être curieux, par exemple; et c'est-là que nous verrons des Paradoxes.

L'Aut. — Beaucoup moins que l'on ne croit, demandez à M. P.......

L'Edit. — Monsieur, vous oubliez que le Public pourroit à la fin s'impatienter.

L'Aut. — Eh bien, introduis-le, j'y consens; et me laisse avec lui tête-à-tête.

L'Edit. Vous ne voulez donc pas même que je reste en tiers?

L'Aut.

L'Aut. — Non vraiment, je mets du mystère dans mes confidences moi.

L'Edit. — Je le sais bien, et vos choix là-dessus justifient votre honnêteté.

L'Aut. — Trêve de complimens.

L'Edit. — Je dis vrai...... Mais de grace, Monsieur, laissez-moi dans ce petit coin, pour le Procès-verbal.

L'Aut. — Comment diable vous dressez un Procès-verbal d'après des discours du Public?

L'Edit. — Oui, Monsieur.

L'Aut. — Diantre, il vous faut écouter bien, et écrire vîte.

L'Edit. — Mais, Monsieur, j'ai fait trois cours de Tachygraphie.

L'Aut. — Ah, je ne m'étonne plus; mais où....... Paix, l'on vient, cachez-vous, et jouez bien votre rôle.

L'Edit. — Il ne sera pas difficile, car il est muet.

L'Aut. — Oh! ce ne sont pas les plus aisés : demandez.......

SECOND DIALOGUE.

L'AUTEUR ET LE PUBLIC.

Le Publ. — Bonjour Monsieur le Célibataire, je suis votre serviteur.

L'Aut. — Ah, Monsieur, épargnez-moi je vous en supplie.

Le Publ. — Comment ?

L'Aut. — En mettant de côté le ton du persiflage, les armes seroient trop inégales entre nous.

Le Publ. —
Que parlez-vous ici d'armes et de combats?

C'est une visite que je viens vous rendre, et non une leçon que je veux vous donner.

L'Aut. — De votre part, Monsieur, l'un et l'autre seront toujours bien reçus. Vous a-t-on remis ma lettre ?

Le Publ. — Laquelle ?

L'Aut. — Et parbleu celle de ce matin ; est-ce que je suis dans l'usage de vous écrire tous les couriers ?

Le Publ. — Je l'ignore.

L'Aut. — Vous ne seriez pas le premier Etre fameux dont on eût intercepté les dépêches.

Le Publ. — Je le crois; mais parlons d'affaires.

L'Aut. — Volontiers, c'est mon fort à moi que les affaires.

Le Pub. — On m'a dit que vous voulez vous loger sur le Pont neuf, pour mieux vendre votre Edition, et vous rapprocher de *beaucoup* d'endroits.

L'Auteur. — Ceci mérite explication.

Vous savez mieux que personne, Monsieur, qu'il n'y a d'autre maison sur le Pont neuf que la Samaritaine, et qu'à moins d'être le Gouverneur de ce Château, il est impossible d'en être le Locataire. Or, je puis vous assurer que, quoique j'estime infiniment tout ce qui tient au régime aquatique, il ne m'a pas encore pris fantaisie de solliciter ce poste lucratif, dit-on, et que le Gouvernement accorde pour retraite aux Militaires qui l'ont servi avec zèle.

Mais il est très-vrai, et c'est (permettez-moi de vous le dire) une des choses dans lesquelles vous avez le plus approché de la vérité, que le Célibataire va quitter l'extrémité de la Ville pour s'établir au centre.

Vous dire les motifs de ce changement, vous apprendre pourquoi je quitte les Champs Elysées, la place de Louis XV (car vous savez depuis long-temps mon adresse) pour la place de Henri IV et le Pont neuf, cela seroit un peu trop long, et peut-être y auroit-il, de votre part, de l'indiscrétion à me le demander. Au reste, comme je vous ai promis une entière confiance, je ne refuserai pas de vous faire part de mes motifs; vous les apprendrez lorsque vous ne les demanderez plus, et ce sera, sous votre bon plaisir, encore un des mystères dont l'explication est reservée pour l'année 1785.

Je ne finirois pas, si je voulois répondre à toutes les inculpations : ce seroit y donner trop d'importance, peut-être, que de m'arrêter à les combattre, et j'aime mieux vous laisser croire quelque chose, que d'avoir à me justifier sur tout.

Cependant, comme il importe à ma conduite future d'être jugée par vous seul, je vous promets de vous en faire le témoin; je n'aurai plus *désormais* rien de caché pour vous, Monsieur : si vous n'êtes pas toujours le confident de mes pensées, vous serez souvent le spectateur de mes actions, et les unes serviront d'excuse aux autres, ou de justification, comme vous voudrez; je ne chicanerai point avec vous sur les termes.

D'après cela, ne soyez donc plus surpris si je me loge, au physique comme au moral, au propre comme au figuré, sur la place que vous affectionnez le plus, et sur laquelle vous passez le plus souvent. Vous pensez bien que delà... Mais bon, ne voilà-t-il pas que je vous dis mon secret, malgré ma résolution ; excusez, c'est aussi votre faute : vous êtes un peu bavard de votre naturel ; je vous aime beaucoup, et *Garrulus est amor*, ou, comme diroit la Dame aux Proverbes, dis-moi qui tu hantes.... Vous savez le reste, & elle aussi probablement.

A propos de la Dame aux Proverbes, de cet être intéressant et piqué, qui s'accuse hautement de ses dix-neuf ans pour rudoyer un pauvre Célibataire qui n'en a pas *malheureusement* vingt-cinq, auriez-vous dû souffrir qu'elle me dît des injures précisément parce que je ne veux pas me marier? et vous qui savez tout, vous qui l'avez vu sans doute écrire sa Lettre, et qui cependant vous piquez d'être conséquent et poli, n'auriez-vous pas dû, au moins par ménagement pour votre Belle, défendre à votre petite poste de s'en charger?

J'aurois beaucoup de choses à vous dire encore, même sur des gens que vous n'estimez guère, que vous connoissez peu, & que cependant vous injuriez beaucoup.

Le Pub. — Les Journalistes.....

L'Aut. — Fi, Monsieur, que cela est mal de nommer ainsi les gens ; prenez au moins bonne opinion de mon cœur, si vous en avez une mauvaise de ma tête, et croyez que si j'avois du mal à dire de mes Confrères, ce ne seroit pas tout-à-fait à vous que je m'adresserois : vous les connoissez mieux que personne, et.....

Le Pub. — Ah ! je vous entends, ce sont les Folliculaires que vous voulez dire, n'est-il pas vrai ? Avouez-le.

L'Aut. — Non, Monsieur, ce sont de ces choses qui se disent quelquefois, mais qui ne s'avouent jamais ; et quand il seroit vrai que la *Follicule* que vous protégez le plus parce qu'elle est pour vous la plus utile, quand je voudrois parler de ce Journillon (comme l'a nommé plaisamment l'un des Auteurs comiques vivans que vous aimez le plus, et c'est beaucoup pour vous d'aimer quelque chose), où vous réclamez votre petit chien, où vous vendez vos diamans, où vous annoncez de l'esprit tout à travers vos marchandises, quel droit auriez-vous donc de vous en fâcher ? Ce seroit tout au plus à M. l'Abbé Psyché, et.....

Le Pub. — Oh pour celui-là !...

L'Aut. — Un petit moment, Monsieur; vous croyez que j'en vas dire du mal....., tout au contraire.

Le Pub. — Et le Journal de Paris?

L'Aut. — Ah! quant à celui-ci, malgré tout le desir que j'avois de vous en dire du bien, et de vous prouver que c'est pour votre instruction qu'il vous ennuie si souvent, je ne sais trop si je dois vous en parler.

Le Pub. — Pourquoi?

L'Aut. — C'est qu'on pourroit croire qu'il y entre de ma part un reste de rancune.

Le Pub. — Il est vrai qu'il vous a traité rudement.

L'Aut. — Moi, je suis loin de m'en plaindre; et puis d'ailleurs cela ne me regarde plus.

Le Pub. — Comment?

L'Aut. — Sans doute; c'est maintenant à la Justice à terminer notre différent.

Le Pub. — Quoi, vous les auriez mis en demeure.

L'Aut. — Les Journalistes seroient-ils donc les seuls qui eussent le droit d'insulter impunément un galant-homme, et de le faire passer pour un être dangereux, pour un Philosophe ?

Le Pub. — Vous avez raison. J'approuve votre vengeance : et celle de Saint-Foix n'étoit pas plus juste. Mais où tout cela vous mènera-t-il ?

L'Aut. — A publier un mémoire dont les détails ne plairont pas à tout le monde.

Le Pub. — Oh ! je pourrai vous fournir des anecdotes.

L'Aut. — Vous me ferez plaisir.

Le Pub. — Par exemple..... Mais ce sera long. Il est deux heures, et ....

L'Aut. — Eh ! ne voulez-vous pas encore que je vous donne à dîner, cela seroit plaisant, et vous iriez par-tout vous vanter de cette bonne fortune.

Le Pub. — Peut-être. Ma foi, l'idée me plaît ; allons au *Nom de Jesus*...(14)

L'Aut. — Alte-là, Monsieur, ce n'étoit pas assez

---

(14) L'Hôtel du Nom de Jesus est situé cloître Saint Jacques de l'Hôpital. C'est la première maison de Paris pour le maigre, et le rendez-vous des Amateurs de Poisson, tous les Vendredis de chaque semaine. Il n'en coûte que quarante-quatre sols par tête.

de vous moquer de moi, vous voulez encore me ruiner.

Le Pub. — Comment cela ?

L'Aut. — Comment, donner à dîner au Public...; nous verrons à la cinquième Edition.

Le Pub. — Bon, je plaisante.

L'Aut. — Cela vous arrive souvent, même en parlant de moi; et, tout franc, ce ton ne me plaît point, je vous en préviens : je veux bien faire rire quelquefois mes amis, mais, tête-bleu, je n'aime pas qu'on rie de moi, je vous en avertis.

Le Pub. — J'y prendrai garde.

L'Aut. — Oh ! ne plaisantez point.

Le Pub. — En effet la matière est grave.

L'Aut. — Comment, je souffrirois...

Le Pub. — Cesser, M. le Misantrope.

L'Aut. — Oui, morbleu, je le suis, et quoi qu'en dise votre ami M. Bret, je ferois gloire de ressembler à Alceste...

Le Pub. — Vraiment ?

L'Aut. — Et je trouverois chez vous plus d'un homme au Sonnet.

Le Pub. — Monsieur, je vous l'ai déjà dit, ce

ton là me déplaît; songez que je suis votre juge, que vous n'existez que par moi, et que si je retirois le bras qui vous soutient......

L'Aut. — J'en conviens, ce ton d'autorité m'impose silence, sans cependant me désarmer. Je veux bien vous respecter, vous craindre, ...
Mais vous aimer...... en vérité, Monsieur, vous êtes trop juste pour vouloir...

Le Pub. — Petit ingrat.

L'Aut. — Dites plutôt véridique. Mais brisons là. Il est tard, et je ne reçois pas assez souvent votre visite pour vouloir abuser aujourd'hui de votre complaisance; et pour parler plus sincèrement de votre curiosité :

> Un mot pourtant avant que de sortir,
> Je serai court contre mon ordinaire;
> Si, par bonheur, j'ai pu vous divertir,
> Si mon babil a su vous plaire,
> Daignez le témoigner tout haut.
> Si je vous déplais, au contraire,
> Retirez-vous sans dire mot;
> N'imitez pas mon caractère.

Le Pub. — Comment, j'aurois le dernier mot avec un *Babillard !* Sachez que lorsque je dispute avec quelqu'un, je ne lui cède jamais.

L'Aut. — Nous différons en cela, Monsieur,

car moi je suis comme votre ami Figaro, je lui cède toujours.

Le Pub. — Qu'est-ce à dire Figaro mon ami ?

L'Aut. — Sans doute, le Barbier de Séville, est-ce que vous l'avez oublié déjà ? Vous auriez tort, et j'avoue qu'une telle inconséquence ne prouveroit rien en faveur de votre tête

Le Pub. — Ah ! pardon, je suis distrait, je songeois au *Tuteur Dupé.*

L'Aut. — On le donne ce soir.

Le Pub. — Eh bien, allons-y. J'y ris de bon cœur, et, quoi qu'on en dise, c'est une assez bonne comédie.

L'Aut. — Comment, quoi qu'on en dise ?

Le Pub. — Sans doute, ne savez-vous pas bien que la Foire, Jeannot, les Rapsodies...

L'Aut. — Comment, vous songez encore à toutes ces bêtises ?

Le Pub. — Sûrement, elles m'amusent.

L'Aut. — Adieu.

Le Pub. — Vous vous fâchez.

L'Aut. — Non, je vous plains.

Le Pub. — Qu'est-ce à dire, qu'entendez-vous par-là ? Savez-vous bien que je me fâcherai tout tout de bon.

L'Aut. — C'est ce que je demande.

Le Pub. — Oui ?

L'Aut. — Sans doute, lorsque je vous aurai pour ennemi déclaré, je saurai du moins à quoi m'en tenir à votre égard.

Le Public. — Eh bien, que ferez-vous contre moi ?

L'Aut. — Je vous dirai vos vérités. (15)

---

(15) Ce cadre une fois trouvé on sent qu'il eût été facile de prolonger ce Dialogue, et même d'en faire une Comédie à scènes à tiroir. Mais on n'a pas voulu jouer ainsi le Public sans son agrément ; et nous attendrons une seconde visite pour lui faire cette proposition.

Au reste, nous nous attendons à tous les reproches qu'on ne manquera pas de faire à cette bagatelle, incohérence dans les idées, répétitions, plaisanteries usées et sans sel. A cela nous n'avons qu'un mot à répondre : nous avons été obligés de nous justifier une fois pour toutes sur toutes les sottises qu'on se plaît à débiter sur notre compte. Nous l'avons fait en plaisantant, parce que nous n'avons pas cru que de telles imputations dussent être autrement réfutées : leurs Auteurs voudroient-ils que nous prissions un ton plus sérieux, qu'ils se fassent connoître, nous sommes tous prêts ; et nous ne leur refuserons aucun genre de satisfaction.

PRÉFACE.

Le Célibataire, Auteur de cet Ouvrage, ne ressemble point à l'Etre incompréhensible et frivole qui paroît quelquefois sous ce titre au Théâtre. Loin d'être aussi peu stable dans ses principes, aussi inconséquent dans ses actions que le Héros de M. Dorat, il s'est fait de son système un plan raisonné et suivi, que les actions de sa vie n'ont point encore démenti, et ne démentiront *peut-être* jamais. Il est dans le véritable point de vue où l'on doit être pour bien juger des Femmes ; c'est-à-dire, qu'elles ne lui ont jamais fait assez de bien pour qu'il puisse s'en louer, ni assez de mal pour qu'il ait le droit de s'en plaindre. Il est donc absolument désintéressé dans la Cause ; et quoique son opinion sur le Sexe soit le fruit de dix années de réflexions, il verra sans peine quelqu'un s'élever pour la combattre. C'est du choc des opinions que naît la Vérité, et son état, ses sentimens et sa conduite ont prouvé depuis long-tems qu'il a tout sacrifié pour elle.

On taxera sans doute son entreprise d'imprudence et de témérité, et il convient en effet qu'il faut être un peu cynique pour écrire contre les Femmes dans le sein de Paris : c'est briser en quelque sorte leurs Statues au milieu même de leur Temple.

Mais loin de s'effrayer des clameurs que la sévérité de nos principes ne manquera pas d'exciter, nous oserons les regarder comme les éloges les plus flatteurs de cet Ouvrage : heureux si nos efforts n'ont point été vains, et si les Femmes, réfléchissant *une seule fois* sur leurs devoirs et leurs obligations, s'apperçoivent enfin que les hommages qu'on leur rend ne sont qu'un persiflage continu, et que tel Homme qui leur jure un amour éternel, court, l'instant d'après, se moquer avec d'autres de leur ridicule crédulité ! Pour nous, qu'aucun intérêt n'oblige de cacher la vérité, nous nous ferons toujours un devoir sacré de la leur dire, voulussent-elles même ne pas l'entendre. Nous leur prouverons par-là que nous les aimons d'une manière aussi désintéressée qu'elle est nouvelle, et que si elles suivoient nos avis et nos conseils, leur amour-propre y gagneroit comme leur vertu.

Un Auteur estimable (*) a composé un Livre dans cette vue ; il a pour titre : *l'Ami des Femmes* ; mais il a traité ce sujet plus en Moraliste qu'en Littérateur. Nous ne suivrons pas la même route, et nous espérons, dans le cours de celui-ci, montrer plus souvent encore l'Ecrivain courageux que le Philosophe sévère.

(*) Boudier de Villemert.

PRÉFACE.

Un autre Homme-de-Lettres, Membre d'une célèbre Académie, et Auteur de dix Volumes de Discours emphatiques que beaucoup de gens ont pris pour de l'éloquence, a traité aussi ce sujet : il a écrit sur les Femmes, mais *in genere laudativo*. Nous tâcherons d'éviter ce style dans notre Ouvrage, et sur-tout ce ton d'affêterie maniérée qui dépare celui de M. T......; tant il est vrai qu'on ne doit point sortir de son caractère, et qu'il ne faudroit jamais perdre de vue ce précepte d'Horace, presque aussi souvent cité qu'oublié :

Sumite materiam vestris qui scribitis æquam
Viribus.....

Si l'on s'attend à trouver ici une satyre amère des Femmes, l'on se trompe; et les personnes qui ne rechercheroient nos *Réflexions* que dans cette vue, peuvent se dispenser de les lire. On a tâché de se renfermer dans les bornes étroites d'une critique

PRÉFACE.

critique judicieuse, et sur-tout dans celles de l'honnêteté, dont les Gens-de-Lettres ne doivent jamais sortir.

Cet Ouvrage est annoncé depuis si long-tems dans le Public, que nous sommes réellement honteux de le publier aussi tard, et d'avoir tant fait attendre un Livre qui ne mérite pas sans doute l'empressement flatteur que l'on a montré de le voir paroître : mais le genre et la nature de nos occupations sont tels, que, sans l'engagement formel que nous avons pris avec le Public dans la Préface d'un autre Ouvrage (16), nous aurions peut-être été forcés de retarder encore la publication de celui-ci.

Quoique ces *Réflexions* ne soient pas la première production littéraire de l'Au-

---

(16) Le Fakir. Voyez aussi les Préliminaires de la Comédie du Flatteur.

PRÉFACE.

teur (17), on peut cependant les regarder en quelque sorte comme son début dans une carrière où les succès même ne sont pas toujours la preuve du talent comme ils en deviennent quelquefois la récompense, et dans laquelle il paroît plus aisé d'obtenir des éloges que de mériter des suffrages. il ose donc solliciter l'indulgence de ses Lecteurs, et sur-tout celle de cette partie éclairée du Public, qui ne se fait point un jeu barbare d'humilier les instrumens de ses jouissances, et qui préfère le sentiment flatteur qui encourage toujours, à la justice sévère qui rebute souvent.

Nés avec un goût décidé pour les Beaux - Arts, nous nous sommes vus,

―――――――――――――――――――――

(17) On sait qu'il s'est occupé long-tems, conjointement avec un Homme-de-Lettres estimable et de l'amitié duquel il s'honore, d'un Ouvrage Périodique dont le Public a paru regretter la suppression, et qui est demeuré en estime chez les Gens-de-Lettres, etc. Voyez aussi le Fakir, Conte en vers, qui a paru à la fin de 1780, le Journal de Neufchâtel, depuis le mois de Janvier 1781, &c.

PRÉFACE.

dès nos plus jeunes années, entraînés par une impulsion irrésistible dans la carrière des Lettres. C'est en les cultivant que nous avons cherché le bonheur et le repos; et si nous n'y avons pas trouvé l'un, nous pouvons assurer au moins que nous y avons rencontré l'autre. La Littérature est devenue pour nous une Amie éclairée et sensible, qui, nous délivrant du joug des Passions dans un âge où l'on ne se soustrait guère à leur empire, nous a conduits par des sentiers de fleurs à cette Philosophie douce et tranquille, qui jouit de tout sans s'affliger de rien, et qui, respectant les Mœurs et la Religion, liens sacrés de toute Société, nous fait un devoir d'aimer les Hommes sans les craindre, et de vivre avec eux sans les haïr. C'est, aidés du secours de cette Philosophie (bien différente de celle du jour), qui voit sans passion, qui juge sans intérêt, et observe sans trouble, que nous avons étudié le cœur d'un Sexe qui fait ou la félicité ou le malheur de l'autre.

PRÉFACE.

Nous avouons que ce n'a pas été sans peine; car s'il se cache aux yeux même de l'Amant, à combien plus forte raison ne cherchera-t-il pas à se soustraire à ceux de l'Observateur! Nous osons dire cependant que nos recherches n'ont pas été tout-à-fait infructueuses, et nous n'aurons qu'à nous féliciter, si devenant en quelque sorte des instrumens du Bonheur de celles qui en ont été l'objet, elles peuvent garantir des piéges sans cesse tendus sous leurs pas, les Hommes que rien n'a pu encore corriger, et qui se livrent au péril avec plus de sécurité que jamais. Ah! quand l'intérêt et le soin de leur bonheur les engagera-t-il à préférer l'Amitié toujours aimable, à l'Amour souvent terrible, et, comme nous le disoit autrefois un Homme-de-Lettres: Quand se persuaderont-ils que *les Goûts seuls peuvent nous rendre heureux, mais jamais les Passions?*

D'après ces principes, on n'a pas dû être étonné de notre goût pour le Célibat, et de notre éloignement pour un état qui,

PRÉFACE.

dans un siècle moins corrompu, auroit pu faire notre bonheur. Nous sommes loin au reste de vouloir faire des Prosélytes, et de chercher à propager une opinion dont les suites pourroient avoir des conséquences funestes à la Société. Mais comme il est permis à chacun d'être heureux à sa manière, nous ne croyons pas que personne ait le droit de s'élever contre nous. Ce seroit aux Femmes seules à nous forcer de changer d'avis par une conduite meilleure. Mais c'est un moyen dont nous ne pensons pas que jamais elles s'avisent.

Le but de cet Ouvrage étant de rendre les Femmes meilleures et les Hommes plus sages, nous nous sommes fait un devoir de le publier, bravant ainsi les satyres, les libelles, les feuilles hebdomadaires et toutes les armes dont les sots et les méchans s'arment avec tant de plaisir et de succès contre ceux qui leur déplaisent (18) : et méprisant de bon cœur les

---

(18) Tout le monde connoît ce mot charmant de feu

PRÉFACE.

inductions malignes qu'on cherchera sans doute et qu'on a déjà cherché à tirer de notre façon de penser à cet égard. Il est bon d'apprendre une fois pour toutes, à ceux qui feignent de l'ignorer, que le Censeur des Femmes n'en est point l'ennemi, et qu'on peut n'être pas libertin sans s'exposer à passer pour pis encore. Les Hommes seroient bien malheureux, s'ils n'avoient à choisir que dans cette déplorable alternative.

En déclarant que nous méprisons la satyre, nous croyons devoir ajouter que nous respectons la critique. (19) Outre qu'elle est utile aux talens comme aux Ouvrages,

---

M. Duclos : *Les Gens du monde craignent les Gens-de-Lettres comme les Brigands craignent les reverbères.*

(19) Il y auroit une belle dissertation à faire ici, pour apprendre à certaines gens qui, comme l'Eunuque au milieu du Sérail, n'ont rien fait, et nuisent à qui veut faire, quelles sont les bornes de la Critique, et en quoi elle diffère de la Satyre, avec laquelle on ne la confond que trop souvent. Mais nous nous bornerons à remarquer (certains Folliculaires dussent-ils prendre la leçon pour eux) que dès qu'on oublie l'Ouvrage pour attaquer l'Auteur, on cesse d'être Journaliste, et l'on devient faiseur de libelles. C. Q. F. D.

PRÉFACE.

il seroit ridicule de chercher à nous y soustraire, tandis que nous nous faisons un devoir de l'exercer nous-mêmes. Nous profiterons avec reconnoissance de celles dont on voudra bien honorer cet Ouvrage, mais nous nous imposons aussi en même tems la loi de n'y jamais répondre. C'est tout au plus aux Editeurs à prendre ce soin.

Avant de terminer cette Préface, déjà trop longue peut-être, qu'on nous permette une réflexion. Les Femmes seront-elles en droit de mépriser les avis d'un Homme qui n'a d'autre mission que son zèle pour leur en donner, ou prendront-elles le parti le plus sage sans doute, d'en profiter en silence? Nous n'osons décider une question aussi délicate; mais nous prévoyons à-peu-près quel sera le sort de ces *Réflexions*. Les principes sévères que nous allons exposer avec une franchise un peu cynique, allarmeront d'abord celles qui voudront s'appliquer nos remarques; peu-à-peu elles y penseront moins, et finiront sans doute par oublier des avis salutaires et donnés sans fiel (20). Il nous restera dans cet oubli une consolation, celle de penser qu'il ne sera point général, et que les Femmes sensées, (car il en est encore, même à Paris), réfléchissant sur les motifs de l'Auteur et sur le but de ses travaux, rendront hommage aux uns, et sauront justifier l'autre. Puisse cette réflexion ne point leur échapper! Elles nous remercieront quelque jour de leur avoir dit aujourd'hui des vérités dures, et d'avoir essayé de les conduire, par des chemins sévères, dans la route d'un bonheur durable, partage et récompense de la Vertu.

(20) Le succès inespéré de ces Réflexions, et la rapidité inconcevable avec laquelle on a enlevé les deux premières Éditions, prouve que les Femmes sont plus amies de la vérité que nous ne l'aurions cru. L'Auteur n'a qu'à se louer d'elles (au moral s'entend) depuis la publication de son Livre; et si on en excepte certaines Caillettes empesées, qui, pour vivre depuis soixante ans dans *la Bonne Compagnie*, n'en sont ni plus douces, ni plus aimables; qui *jouent* toujours et ne *lisent* jamais; qui ne pardonnent pas aux Gens d'esprit de les trouver sottes, et de ne plus les trouver belles : si, dis-je, nous exceptons cette classe ridicule, nous n'aurons qu'à nous applaudir d'avoir osé parler aux autres avec le courage du désintéressement et de la franchise.

RÉFLEXIONS
PHILOSOPHIQUES
SUR
LE PLAISIR.

Le Plaisir est une sensation que l'on éprouve, mais que l'on ne définit pas. Comme une vapeur légère, il s'envole dès qu'on veut l'analyser. L'Homme du monde en jouit sans le connoître; le Philosophe le connoît, & ne peut l'approfondir. Il semble être d'une nature qui résiste à la réflexion & se soustrait à l'examen. Vrai Caméléon, il prend toutes les formes & n'en garde aucune : il est le produit des passions, les flatte & les nourrit. L'Avare le met dans la contemplation de ses trésors, l'Ambitieux dans l'idée du pouvoir, l'homme sensuel dans la jouissance des choses qui font le but de ses desirs. Tour-à-tour, objet de leurs caprices & de leur repentir, il semble être nécessaire aux Hommes qui courent après lui, comme un frénétique après une mort assurée. On n'apperçoit que les fleurs, et l'on tombe dans l'abîme avant d'avoir songé qu'il pouvoit y en avoir un.

Tel est le faux Plaisir, et tels sont en général tous ceux des sens.

Il en est un véritable, et qui ne peut être goûté que par les ames épurées et solides : c'est celui qui naît de la combinaison naturelle et de l'accord de nos actions avec les loix de la vertu. Celui-là seul est sans remords; il est durable, et ses jouissances multipliées dans un cœur sensible forment un enchaînement de prospérités qui se renouvelle sans cesse. Tel est le moment et le souvenir d'une action vertueuse; telle est la pratique constante des loix, qui seules peuvent assurer le bonheur de la Société.

Ce Plaisir, le véritable et le seul qui mérite ce nom, n'est pas moins difficile à analyser que l'autre. Il faut l'éprouver pour le sentir, il faut le sentir pour le connoître, et peu de gens parviennent à cette connoissance.

Si quelque chose pouvoit donner une idée de ces deux espèces de Plaisirs, ce seroit de dire que l'un est le partage de l'Amour, l'autre la récompense de l'Amitié; encore cette comparaison seroit-elle imparfaite, tant l'acception de ces deux mots, l'*Amour* et l'*Amitié*, est peu déterminée dans notre Langue.

L'AMOUR est une passion aveugle et tumultueuse qui s'empare de l'ame par la voie des sens; qui, sous l'attrait du Plaisir, cause les plus violens chagrins, énerve le cœur, abrutit l'ame, et plonge le malheureux qui en est attaqué dans un état de crise dont il ne sort pas quand il le veut. Alors il desire, il craint, il s'attriste, il se réjouit sans causes et sans motifs; mille sentimens divers et opposés s'emparent de son cœur et de toutes ses facultés; l'anéantissement de la raison succède à ce délire des sens, l'accroît et le prolonge. Et qui cause tous ces maux? souvent un seul regard. C'est ainsi qu'une foible étincelle produit un immense embrâsement.

L'AMITIÉ, au contraire, est un sentiment doux et tranquille, qui remplit l'ame sans trouble, console des maux de la vie, aide à les supporter, et soulage en quelque sorte du fardeau qu'ils imposent: c'est la passion des cœurs vertueux; elle fait naître, elle entretient un épanchement secret, source de mille félicités inconnues; elle prolonge la vie, en double le prix, et soutient l'Homme dans ses malheurs, comme elle le réjouit dans le cours de ses prospérités. Et que deviendroient, en effet, les ames vertueuses et sensibles, sans cette divinité consolatrice que les Dieux semblent avoir accordée aux Hommes pour les consoler du malheur de l'existence?

Les transports de l'Amour sont des illusions passagères que le retour de la raison anéantit et dissipe; les jouissances de l'Amitié sont des plaisirs réels dont le tems affermit la durée, et dont rien ne peut altérer la constance. Des Amans se brouillent, se quittent, et rompent pour le plus léger sujet; de vrais Amis supportent avec courage les défauts attachés à la constitution de notre être, et plaignent l'un dans l'autre les foiblesses de l'humanité, sans chercher à les accroître. Le sentiment de l'indulgence est donc la véritable base de l'Amitié; le rapport des sensations en est le lien, et l'accord parfait des vertus met le dernier sceau à cette passion des cœurs honnêtes.

Notre but n'est pas de pousser plus loin ce parallèle. Quelle que soit la solidité de nos raisons, elles pourront bien n'être pas goûtées par le plus grand nombre, et à coup sûr les Jeunes-

sur le Plaisir.

Gens et les Femmes ne se persuaderont jamais que l'Amitié soit préférable à l'Amour.

Cette incrédulité n'a rien qui nous étonne. La Nature, l'attrait des voluptés, le torrent de l'exemple, tout entraîne la Jeunesse vers une route opposée : ce n'est guère que dans un âge mûr, après avoir énervé les facultés de son ame et abruti ses sens par l'usage immodéré des plaisirs, qu'elle rapporte sur l'autel de l'Amitié un cœur épuisé, et qui n'est plus fait pour en goûter les douceurs.

Pour les Femmes, c'est autre chose. Soit qu'elles tiennent de la Nature un tempérament plus froid (car la prostitution naît plutôt du besoin que des desirs) ; soit que l'éducation qu'on leur donne les accoutume à une certaine retenue dont elles ne perdent pas tout d'un coup l'habitude, il est certain qu'elles ont moins de penchant pour le libertinage, sur-tout dans le premier âge : mais elles n'en sont pas pour cela plus capables de sentir les douceurs de l'Amitié. L'Amour-propre, sentiment inné dans leur ame, et presque toujours leur passion dominante, ne leur permet de voir dans leurs amies que des concurrentes ou des rivales ; et c'en est assez pour les priver de toute espèce d'intimité.

Au reste, ce n'est point un traité de Morale

que nous voulons présenter ici. Nous avons seulement prétendu recueillir les nombreuses observations qu'une étude constante nous a mis à portée de faire dans les différens cercles où le hasard nous a conduits, et les présenter dans un seul Ouvrage. Ces observations eussent été faites sans doute aussi bien par la plupart de nos Lecteurs; car, lorsque les Gens du monde ne sont pas entraînés par le tourbillon, ils ont ordinairement une sagacité merveilleuse, et une aptitude à saisir, ou même à donner des ridicules, *dont nous avons nous-mêmes été trop souvent la victime, pour vouloir leur en contester le talent.* Cependant l'Art d'observer est devenu aujourd'hui plus difficile que jamais. La crainte qu'on a de se découvrir, le besoin qu'on a de se cacher, font qu'on ne lit plus sur l'extérieur ce qui se passe au-dedans, et que le visage n'est plus l'expression fidelle des mouvemens de l'Ame. C'est sur-tout dans les Cours qu'on remarque cette réserve; et en effet, plus la nécessité de ne se pas laisser pénétrer a été grande, plus les efforts pour y parvenir ont dû l'être aussi : vous n'y voyez que des visages rians ; et l'air serein que chacun fait paroître, donneroit à croire que des individus, rongés d'Ambition, de Jalousie et d'Avarice, sont les plus tranquilles et les plus heureux des Hommes.

sur le Plaisir. 79

Les Femmes, à qui la Nature a refusé l'énergie des sentimens, et qui sont obligées de remplacer la force qui leur manque par l'artifice qui semble être leur apanage ; les Femmes sont par conséquent plus difficiles à pénétrer. On sent bien que tout leur fait un devoir du silence, et qu'à moins d'être leur Amant, il est difficile de savoir leur secret.

Pour nous, que des principes austères et une vie consacrée au travail ont toujours éloignés de cet état d'asservissement, qui convient plutôt à des Enfans qu'à des Hommes, comment avons-nous pu étudier la matière sur laquelle nous allons écrire ? Voilà sans doute la première objection que tout Lecteur va nous faire ; nous demanderons la permission de n'y pas répondre, et de garder là-dessus le plus absolu silence : peu importent les moyens que nous avons employés, s'ils nous ont réussi. C'est là la question, sans doute : mais on n'aura acquis le droit de la décider qu'après avoir lu cet Ouvrage.

Afin de mettre plus d'ordre ou moins de confusion dans cet Essai, nous allons présenter successivement nos idées sur les *Femmes*, les *Jeunes-Gens*, le *Mariage* et le *Célibat*. Et nous ne croirons pas par-là déroger à notre titre comme on nous l'a reproché dans quelques Journaux. Notre but n'étoit pas de présenter une définition métaphysique du Plaisir, et de le considérer en lui-même, abstraction faite de ce qui l'entoure ou le produit. Nous avons cru devoir au contraire nous étendre sur les quatre différens points dans lequel on doit le trouver : on sait qu'il est l'aliment des Femmes, le desir des Jeunes-Gens, la récompense du Mariage et le but du Célibat. D'après cela où est donc notre tort d'avoir intitulé notre Ouvrage comme nous l'avons fait ; et d'ailleurs l'empressement du Public ne devient-il pas en même tems notre justification et notre excuse ?

Comme nous voulons être lus, nous tâcherons d'être courts : car, pour peu qu'un livre ait plus d'une douzaine de feuilles, les Gens du monde craignent de s'y arrêter ; et, comme l'a fort bien remarqué l'Auteur du *Tableau de Paris*, un Ouvrage de longue haleine n'est guère lu dans la Capitale avant que la Province ait décidé de son mérite. Tel est le fruit de la vie dissipée qu'on mène à Paris. On y trouve toujours le tems de s'amuser, jamais celui de s'instruire, et ce n'est pas encore là le plus grand mal que produit l'amour immodéré des Plaisirs.

DES FEMMES.

De toutes les études qui conduisent à la connoissance du cœur humain, celle des Femmes est sans contredit la moins aisée. Le Rôle d'Observateur est aussi difficile à soutenir qu'à cacher. Il faut, pour le remplir, une tête à toute épreuve, une prudence consommée, & une grande politesse; qualités dont la réunion est assez rare, surtout chez un Jeune-Homme. Pour peu que vous inspiriez de la défiance, on vous éconduit, ou l'on s'observe devant vous avec une circonspection qui rend toutes vos études inutiles. Il faut nécessairement, pour réussir dans ce rôle, que le Philosophe se cache sous les airs légers et folâtres du Petit-Maître ; il faut que, démentant la gravité de son caractère, il dise presque autant de folies qu'il en voit faire, & ce n'est qu'en prenant un Rôle dans la pièce, qu'il peut en devenir Spectateur.

Convenons aussi que, si ce personnage est difficile, on est bien dédommagé de ses peines par le fruit de ses observations. Rien de plus piquant pour un homme d'esprit que le jeu de toutes ces machines. Il gagne en profondeur ce qu'il a perdu en superficie. Le plaisir remplace l'illusion. Et quoi de plus délicieux, en effet, que cette ample moisson de Ridicules que l'on est à portée de faire tous les jours dans la Société !

L'usage où l'on est à Paris de renfermer les filles jusqu'au jour de leur mariage, ne permet en aucune façon de les étudier. Lorsqu'elles sortent du Couvent à cette époque, c'est ordinairement pour un tems très-court ; et toujours sous les yeux d'une mère que l'expérience a rendue attentive, il est presqu'impossible de juger de leur caractère. Sans cesse obligées de se contraindre, ce qu'on voit à travers leur air boudeur, c'est qu'elles brûlent de se dédommager de cette gêne continuelle ; et que, si elles sont alors des Colombes, elles ne tarderont pas à devenir des Dragons, comme l'a remarqué fort judicieusement M. Goldoni.

Il est des pays où cet usage de renfermer les filles n'existe pas. Dans les Etats Protestans, dans le pays de Vaud, par exemple, non-seulement les Demoiselles ne sont jamais cloîtrées, mais elles quittent souvent l'œil de leurs parens, font société avec leurs amies, et admettent dans ce cercle les jeunes gens de leur connoissance. Rien n'est plus singulier pour un François que de se trouver dans une de ces assemblées ; pas une mère, pas une surveillante, la plus grande liberté : mais cette liberté même est l'Egide des mœurs ; chaque couple redoute plus l'œil de son égale que celui de ses Supérieurs ; et il est inouï que, dans une association de cette nature, il se soit jamais rien passé dont la pudeur ou la décence aient eu sujet de s'alarmer.

On conviendra que cette méthode est commode pour un Observateur. Dans un cercle ainsi composé, et dans un Pays où la Nature n'a presque rien perdu de ses droits, les Jeunes Personnes se livrent davantage, et permettent plus volontiers de lire dans leur ame. Chacune, pour peu qu'elle soit jolie, a un Amant en titre, qui vient la voir au su de ses parens ; elle va se promener avec lui tête-à-tête, ou tout au plus avec une compagne, qui mène aussi son *Ami :* et soit que la confiance écarte toute idée de prévarication, soit que les mœurs françoises n'aient pas encore perverti la Jeunesse de ces aimables lieux, soit enfin que la sécurité même devienne le gage de la retenue, jamais il n'arrive rien dans ces tête-à-têtes dont l'honnêteté puisse rougir : on y tient des propos tendres, mais jamais libres ; on s'y permet de la galanterie, jamais de l'obscénité ; et l'Amant trop passionné qui s'émanciperoit jusqu'à baiser la main de sa Maîtresse, seroit aussitôt puni, par le délaissement, de son indiscrète témérité.

F ij

Heureuse Contrée, où l'innocence est la sauvegarde des mœurs, où la beauté devient un gage de la vertu, et où la coquetterie même ne s'écarte jamais de la décence!

Plus on accorde là de liberté aux filles, et plus leurs devoirs sont rigoureux lorsqu'elles deviennent épouses; et nous croyons, malgré l'opinion de quelques Journalistes, que, *dans le régime de toute Société bien policée, une Demoiselle ne doit répondre de sa conduite qu'à elle-même.* Si la voix du plaisir se fait entendre, la crainte d'être déshonorée ou de manquer un établissement, suffit pour la retenir. C'est en s'accoutumant au danger qu'elle le brave; et la séduction n'en est plus une, dès que la contrainte cesse de lui servir d'aliment.

Une femme, au contraire, se doit à son mari, à ses enfans, à deux familles dont les yeux sont ouverts sur sa conduite; elle est comptable de l'honneur (21) de son époux, de celui de sa postérité: tout la retient. Une vie sédentaire et consacrée aux soins domestiques, lui fait oublier qu'il est d'autres plaisirs. Elle met son bonheur à rendre heureux tout ce qui l'entoure; et persuadée que, dans son nouvel état, on n'auroit

---

(21) *L'honneur!* Est c'est donc là que l'homme l'a placé!

plus pour elle la même indulgence, elle s'observe avec un soin particulier, et devient d'autant plus circonspecte, qu'elle avoit été dissipée dans son jeune âge.

Si nous quittons la Suisse pour retourner en France, nous verrons des mœurs bien différentes. Au lieu de ces filles naturelles, vives et gaies, nous les trouverons hypocrites, sérieuses et compassées, fruit nécessaire de leur éducation. Il est vrai qu'elles savent bien s'en dédommager lorsqu'elles sont femmes, et que, par un renversement inouï de toute idée de bienséance, elles ne sont jamais moins réservées que lorsqu'elles devroient l'être davantage.

Quoique ces différences soient bien sensibles, ce n'est pas dans la classe des Grands que les maris ont le plus à souffrir de l'humeur de leurs épouses : ils vivent en général peu avec elles; et au bout de quelques mois de mariage, ils ne les voient guère qu'en public. De vastes hôtels permettent à chacun d'avoir son appartement séparé, et ils ont rarement à souffrir de ces caprices réciproques qui font le tourment des ménages ordinaires. Un Grand ne se marie jamais que pour satisfaire à l'usage, et par un desir de perpétuer son nom, commun à tous les gens de son espèce. Cependant il ne voit pas ses enfans avec moins d'indifférence que son épouse. Lorsqu'ils avancent en âge, il ne les regarde plus que comme ses héritiers ; et, s'il aime davantage son petit-fils, c'est qu'il voit en lui un vengeur (22)... Mais n'anticipons pas sur le chapitre *Mariage*, et revenons aux femmes, abstraction faite de ce qui les entoure.

On les distingue à Paris en trois classes : les Femmes proprement dites, les Courtisanes, et les Demoiselles.

Nous avons dit à peu près tout ce que nous avions à dire de ces dernières : il nous reste à parler des femmes comme il faut, et de celles qui ne le sont pas.

On peut dire qu'aujourd'hui leur ton diffère peu, et qu'il faut de l'usage pour ne pas s'y méprendre. A qui la faute ? Nous n'osons le décider. Mais il est certain que, depuis quelques années, chacune de ces deux classes a travaillé réciproquement à rapprocher la distance qui les

---

(22) On nous a reproché fort amèrement, dans un Journal fort ennuyeux, d'avoir pris cette pensée dans *Helvétius*. Nous déclarons ici formellement que jamais nous n'avons lu les Ouvrages de ce Financier Philosophe, & que cette remarque est chez nous le fruit de l'expérience, & de l'habitude de vivre dans une certaine classe de la Société.

sur le Plaisir.

séparoit. Les Femmes ont-elles perdu à ce rapprochement ? Les *Filles* s'en sont-elles mieux trouvées ? Nous l'ignorons. Ce qu'il y de bien sûr, c'est que les Mœurs n'y ont gagné en aucune manière.

On avoit autrefois une Maîtresse par goût, on l'a aujourd'hui par vanité ; et ce que l'on faisoit pour l'intérêt de son Plaisir, on ne le fait plus que pour celui de son Amour-propre. Il y a tel homme dans Paris qui ne va pas douze fois par an chez la Gatin qui le ruine ; mais lorsque la voyant passer dans un lieu public, il entend répondre à la question, *Qui prend soin de cette femme-là ? — C'est Monsieur.......*, son petit orgueil est satisfait. Pauvre jouissance, qui ne dispense pas de la honte du vice, et qui empêche même d'en recueillir les fruits !

Convenons cependant que les Femmes sont en grande partie cause de la dissolution des mœurs actuelles. Au lieu d'employer tous les moyens pour ramener le cœur de leurs maris et regagner leur affection, elles semblent s'étudier, au contraire, à leur rendre la vie domestique insupportable, et les obligent de chercher ailleurs la tranquillité dont ils ne peuvent jouir chez eux. Il est vrai que la manière dont se font à présent les mariages contribue beaucoup à ce genre de vie ;

F iv

c'est ce que nous examinerons un peu plus en détail en traitant cette matière.

Il est certain, & nous rougissons d'être obligés de le dire, qu'une Courtisane, dont l'état est précaire, a plus d'intérêt d'être aimable qu'une Femme honnête dont l'existence est assurée (23). Delà sans doute l'attrait qui porte les hommes vers les premières, & les éloigne des autres. Ils consentent volontiers à être trompés sur les motifs de l'accueil qu'ils reçoivent, pourvu qu'ils s'amusent, ou du moins qu'ils puissent se décharger pendant quelques heures du fardeau de la vie : car l'ennui les poursuit sans cesse, l'existence devient pour eux un supplice, et comme ils n'ont jamais su s'occuper, ils ne savent pas non plus se réjouir. La conséquence est nécessaire ; l'un est la suite naturelle de l'autre.

Nous voyons aujourd'hui beaucoup moins d'intrigues de société qu'autrefois. Soit que les Hommes, ennuyés d'acheter des faveurs par des soins, aiment mieux les payer un peu plus

---

(23) Nous sommes fâchés que cette remarque ait choqué la délicatesse scrupuleuse des Auteurs de l'*Année Littéraire*; mais elle est appuyée sur de nombreux exemples : est-ce un bien, est-ce un mal? Nous laisserons la question à décider ; mais nous assurons le fait comme très-certain.

cher pour ne pas les attendre ; soit que les Femmes, dégoûtées des tracasseries continuelles qu'entraînoit nécessairement la galanterie, aient fini par s'en lasser elles-mêmes, il est certain qu'il n'y a plus guère que celles qui vivent dans les Cours qui continuent ce commerce : encore pouvons nous assurer que l'Amour n'y entre jamais pour rien. Ces liaisons sont une suite des vicissitudes de l'air qui règne en ce Pays. L'Intrigue, le Besoin, l'Ambition, tels sont les motifs qui les font naître. On se prend, on se quitte, on se reprend: tout est égal. On est convenu d'abjurer tout sentiment de pudeur et d'honnêteté : malheur à l'Être timide qui paroîtroit révolté d'un tel scandale ! il dévoileroit bientôt son inexpérience et son peu de pénétration.

Mais si la galanterie n'existe plus dans les Sociétés de la Capitale, qu'on ne croie pas que pour cela les Femmes soient devenues plus chastes, ou qu'elles aient renoncé aux douceurs de l'Infidélité. Il nous suffit de dire qu'elles font de leur côté la même chose que les Hommes ; et si c'est avec moins de publicité, ce n'est pas avec plus d'innocence..... Mais détournons les yeux de cet horrible tableau : il est des excès qu'il faut ensevelir dans les ténèbres du silence, lorsqu'on ne veut pas dégrader entièrement l'Humanité.

On assure que si Molière vivoit aujourd'hui parmi nous, ce ne seroit plus le Tartuffe de Religion, mais celui de Mœurs, qu'il auroit à peindre. Il est vrai que l'Hypocrisie proprement dite a beaucoup perdu de son crédit, et ne se montre que rarement : mais nous ne croyons pas que celle des Mœurs l'ait remplacée. On fait gloire à présent du libertinage autant que de l'incrédulité, et l'on sembleroit rougir d'avoir de la vertu, comme l'on rougit depuis long-temps de montrer de la Religion.

Ce ne sont pas les Jeunes-Gens qui affichent le désordre avec le plus de scandale ; ils semblent avoir conservé dans le Monde un reste de pudeur, et ce n'est guères qu'entre eux qu'ils font gloire de leurs excès. Si le crime pouvoit jamais s'excuser, ils seroient peut-être moins à blâmer qu'à plaindre. Egarés par leurs sens, sourds aux conseils de la Raison, privés des avantages de l'expérience, entraînés sans cesse par l'exemple et le charme du danger même ; que de motifs pour succomber ! Mais que des Hommes d'un âge mûr, qui ne peuvent alléguer aucune de ces excuses ; que des Pères de famille, des Vieillards auxquels il ne reste que le souffle de l'existence, se plongent dans tous les excès, fasse trophée du libertinage, et insultent à la vertu par un mépris continuel des bonnes mœurs; voilà ce que l'Homme honnête aura peine à croire, et c'est cependant ce que nous voyons tous les jours avec une tranquillité qui approche de l'indifférence, et prouve combien nous sommes foibles, & peu capables d'indignation contre le vice.

Les dissentions domestiques, le scandale, le relâchement de tous les nœuds civils, et l'oubli de tous les devoirs sociaux, ne sont pas les seuls maux enfantés par le libertinage et la prostitution. Si le mal ne s'étendoit que sur la génération présente, ce seroit peut-être autant une justice qu'une calamité : mais l'existence est empoisonnée jusques dans sa source ; et sans parler des maux physiques, dont les ravages horribles font frémir, quel tort continuel le libertinage ne fait-il pas à la population ! De jeunes filles, qui seroient devenues d'excellentes citoyennes, sont arrachées dès l'âge le plus tendre de la maison de leurs parens; eux-mêmes en font souvent un odieux trafic. Nos Campagnes sont abandonnées pour repeupler les Lieux infâmes de la Capitale; et comme si les asiles du crime n'étoient pas assez multipliés, nous voyons trois Théâtres sur lesquels on offre aux désirs des débauchés l'espérance de la race future : les grâces y sont à prix ; et par un raffinement inouï, et peut-être inconnu aux siècles précédens, nous voyons dans ces répaires scandaleux, le dirai-je? nous voyons prostituer l'enfance.

Comme le libertinage ne dispense pas toujours d'être mere, et que la stérilité n'est pas une suite nécessaire de la débauche, quel sort préparons-nous à ces êtres infortunés qui doivent la vie à notre lubricité? qui prendra soin de leurs jours malheureux ? où reposeront-ils leur pénible existence ? Désavoués par la Nature, proscrits par les Loix, rejettés de toutes parts, qui leur tendra une main secourable; et que deviendroient-ils sans la bienfaisance d'un Gouvernement sage, qui s'empresse de pourvoir à leurs besoins, à leur éducation, à leur établissement?

Honorons à jamais ces Hommes respectables dont les Vertus couvrent les suites de nos désordres : c'est à leur prévoyance éclairée que nous devons l'extirpation de l'Infanticide, crime affreux, et devenu aujourd'hui très-rare. Ne pouvant détruire la cause du mal, ils en ont arrêté les effets; et s'ils ne donnent pas une famille à ces enfans malheureux, abandonnés dès leur naissance, ils leur offrent au moins un asile.

DES JEUNES GENS.

Pourquoi l'âge le plus heureux de la vie, celui d'où semble dépendre la destinée des autres, est-il ordinairement le plus mal employé ? Jusques à quand la Jeunesse fera-t-elle tourner contre elle-même l'assemblage des facultés vivifiantes qui lui ont été données pour son bonheur ? Mais c'est encore un des malheurs de cet âge, d'être sourd à la voix de la raison. L'expérience seule peut corriger ; et l'expérience, comme l'on sait, ne laisse jamais que des regrets impuissans et tardifs. Peut être aussi est-ce un bien dans l'égalité des choses, que les Jeunes-Gens ne sentent pas tous leurs avantages : rien ne leur résisteroit alors ; ils envahiroient tout. Et que ne peut, en effet, la maturité de la raison unie à la vigueur de l'âge ?

Les mœurs des Jeunes-Gens de la Capitale n'ont pas souffert moins de révolutions que celles des Femmes : mais nous osons dire que ceux-ci ont peut-être gagné ce que les autres ont perdu. La Jeunesse n'est plus aujourd'hui si turbulente qu'autrefois ; on trouve moins de Tapageurs, moins de Duellistes, plus de têtes raisonnables.

Convaincus du besoin de s'instruire, les Jeunes-Gens en ont enfin montré le desir; ils ont fait voir plus de docilité, moins de présomption, et plus de modestie : il est vrai que, lancés dans le tourbillon du Monde, ils perdent bientôt ces heureuses qualités pour en adopter les travers; mais le germe de leurs premières dispositions n'est pas tellement étouffé dans leurs ames, qu'il ne laisse l'espérance de lui voir dans la suite porter quelques fruits.

Un des avantages du séjour des grandes Villes, c'est de ramener l'égalité parmi les Hommes : la multiplicité des titres en efface l'éclat, et l'habitude des décorations extérieures fait qu'elles n'en imposent presque plus. A mesure que les lumières et les Lettres ont fait des progrès, on a senti la frivolité de toutes ces distinctions puériles que l'homme sage sait apprécier, sans cependant les mépriser tout-à-fait ; elles sont nécessaires peut être pour occuper les Grands, amuser leur ambition, et la détourner d'objets plus graves : mais si elles deviennent pour eux un motif d'orgueil, ils ne tardent pas à s'en voir punir par le Ridicule, celles de toutes les armes qu'ils redoutent le plus.

On peut dire aujourd'hui qu'en général le ton de nos jeunes Seigneurs est honnête, que leurs mœurs sont devenues beaucoup plus simples, et qu'ils sont d'un commerce assez facile : peut-être ce changement tient-il aussi de leur façon de s'habiller ; car les plus petites choses influent plus qu'on ne croit sur le caractère, et la simplicité extérieure est souvent l'annonce de celle de l'ame. On est aussi poli, mais moins cérémonieux qu'autrefois ; et le Provincial seul fait encore des façons. Rien n'étoit si gênant que cette étiquette scrupuleuse, qui mettoit de l'importance jusques dans les moindres actions de la vie civile, et ne permettoit à personne de se moucher, de saluer ou d'éternuer à sa manière : on a banni de la Société tous ces usages ridicules, et l'on a bien fait ; il y reste encore assez d'entraves pour en dégoûter les gens d'esprit, que ces puérilités auroient fini par en exiler tout-à-fait.

Les Gens du monde ont cependant vu avec peine l'oubli de ces prétendus devoirs. Jaloux de conserver un genre de supériorité qu'on seroit mal venu de leur disputer, ils étoient bien-aises d'avoir cet avantage sur les Hommes de Lettres, peu curieux de toutes ces recherches, et qui préfèrent la politesse de l'ame à celle des manières : mais comme ce sont les Jeunes-Gens qui donnent le ton, eux-mêmes ont été contraints d'y céder pour ne pas paroître ridicules.

Les Femmes se plaignent pareillement qu'on n'est plus aussi poli avec elles qu'autrefois ; mais qu'elles réfléchissent qu'en perdant de leurs charmes, elles ont aussi perdu le droit d'être exigeantes, et qu'un visage qui rebute n'invite pas à dire des douceurs. Il est vrai qu'on ne se précipite plus aujourd'hui pour ramasser un éventail ; qu'on ne se morfond plus au bas d'un escalier spacieux, de peur d'y passer deux de front ; et qu'on se sert moins de tous ces grands mots imaginés pour parler sans rien dire. Mais les jolies Femmes n'auront jamais à se plaindre ; la galanterie Françoise leur rendra toujours assez d'hommages. Quant aux autres, si elles ne suppléent pas la beauté par l'esprit ou la vertu, nous ne voyons pas trop pourquoi on leur devroit tant d'égards.

Les Jeunes-Gens redoutent aujourd'hui le mariage plus que jamais ; le titre de mari les effraie, et ce n'est pas sans raison. Le luxe est monté à un tel point, qu'il faut qu'une Femme soit bien modérée pour ne pas ruiner en quatre ans son époux et sa famille. Au goût de la parure

rure s'est joint celui du jeu, qui ne connoît aucunes bornes; et nous voyons de jeunes et jolies Femmes passer des nuits entières autour d'une table ronde, et perdre en une séance ce qui feroit la fortune de dix ménages.

Cessons donc de nous étonner de l'éloignement des Jeunes-Gens pour ce que l'on est convenu d'appeller aujourd'hui *la Bonne Compagnie*. Pour peu qu'ils aient d'esprit et de pénétration, il n'est pas étonnant qu'ils s'y déplaisent. Aux discours les plus frivoles se joint le sérieux de l'étiquette (qui, dans les grands cercles, conserve encore son empire), l'ennui du Jeu, la pédanterie des Prudes, les sermons des Vieilles et les grimaces des Coquettes; en voilà plus qu'il ne faut pour faire déserter à un galant homme *la Bonne Compagnie* pendant six mois.

Tant que les âges seront confondus dans le grand Monde, et que les états ne le seront pas davantage, cet ennui nous semble difficile à déraciner. Comment veut-on que la pétulance du jeune âge s'accorde avec les glaces de la vieillesse, ou le sang froid de la maturité? Il faut nécessairement admettre la contrainte, et dès-lors plus de gaieté. Le Jeu, cette occupation frivole, inventée pour tromper le temps, rapprocher les distances, et ôter aux gens d'esprit tous leurs avantages sur les sots; le Jeu n'est plus qu'un commerce d'argent, qu'une étude pénible qui ne remplit aucun des objets qu'il devroit avoir; & nous croyons que la maniere la plus sensible d'insulter un homme d'esprit, c'est de lui proposer des cartes. Il est difficile aussi que des gens désœuvrés puissent jamais s'amuser, et le Plaisir ne doit être que la récompense du travail.

On remarque que les Jeunes-Gens, dans l'époque la plus brillante et la plus fortunée de la vie, sont rarement gais. Soit qu'incertains de l'emploi de leurs momens, ils poursuivent sans cesse un Plaisir qu'ils ne peuvent jamais atteindre; soit que, victimes de leurs excès, leur santé se ressente bientôt de leur intempérance, il est sûr qu'ils n'ont ni cette fraîcheur, ni cet air de contentement qui devroit être le plus bel attribut de leur âge.........

On peut dire cependant que, du côté des passions, ils sont assez calmes: ils n'ont guère à Paris que des *Fantaisies*. Comme ils ne trouvent presque jamais d'obstacles, leurs goûts bientôt satisfaits s'épuisent; ils sont blasés sur tout de bonne heure, et il est rare qu'à trente ans un Homme ait aujourd'hui des desirs, ou qu'il ait conservé les moyens de les satisfaire.

Un Jeune-Homme se seroit cru autrefois déshonoré, s'il n'avoit point eu de Créanciers. Peu scrupuleux sur cet article, l'existence de l'Artisan lui devenoit indifférente, pourvu que son caprice fût satisfait. Il falloit tout braver pour solder une dette de Jeu, et l'Ouvrier languissoit dans l'attente, sans pouvoir espérer de long-temps son salaire. Si cet abus horrible n'a pas cessé tout-à-fait, on peut dire qu'il est au moins fort diminué. Les Marchands ont enfin senti le danger de ces crédits inconsidérés qui hâtoient leur ruine, et ils n'en font plus aujourd'hui qu'à ceux qui sont en état d'y satisfaire. Les Marchandes de Modes seules ont continué cet ancien usage; mais elles vendent leurs chiffons à un tel prix, que l'intérêt de leurs fonds pendant quinze ans n'en absorbe pas la valeur.

Les Gens du monde vont au Spectacle par ton; les Jeunes-Gens y vont par goût, au moins dans leur premier âge. Celui qu'ils préfèrent est le Théâtre de la Nation; ils y trouvent le double avantage de s'amuser et de s'instruire. Nous voudrions qu'ils bornassent là leurs prétentions, et qu'ils s'abstinssent de juger. Il n'est que trop ordinaire de les voir, sans aucunes connoissances dramatiques, donner leur opinion particulière pour une loi générale; fronder indiscrétement, louer de même, et dévoiler leur ineptie par une trop grande envie de paroître. Qu'ils se souviennent que l'Art du Théâtre, s'il est le plus beau, est aussi le plus difficile; qu'il demande, pour être apprécié dans toutes ses parties, une expérience qu'ils ne peuvent avoir, et une application dont ils sont incapables; que la plus mauvaise Tragédie exige un assemblage de qualités qu'ils sont fort éloignés de posséder; et qu'ils se bornent, au moins, à n'être que l'écho des Gens-de-Lettres, s'ils veulent cesser de paroître ridicules.

Jaloux de masquer leur incapacité sous des dehors qui puissent en imposer, les Jeunes-Gens ont imaginé de joindre à leur ton d'assurance la culture de quelques genres d'esprit, qui ne demandent ni efforts, ni étude. Celui des *Calembourgs* leur a paru le plus facile; ils l'ont adopté avec empressement. On en a vus, nés avec de l'esprit et des moyens de se *sur le Plaisir.*

distinguer, sacrifier leur talent à ce misérable genre, s'en faire une occupation sérieuse ; et non contens des suffrages de leurs Coteries, prétendre encore à ceux du Public, et les briguer par la voie de l'impression. Rien n'est cependant plus facile que cet Art puérile, qui consiste à offrir sans cesse des mots à double entente, et à les décomposer pour leur faire former un sens. Ces équivoques perpétuelles, ces misérables rébus ont remplacé les saillies, les Couplets et les Épigrammes ; il est vrai qu'ils sont à la portée de bien plus d'esprits, et qu'ils n'attaquent aucuns ridicules, deux grands motifs pour avoir fait fortune auprès des sots.

L'HABITUDE de vivre entre eux, ou dans des maisons suspectes, a fait perdre aux Jeunes-Gens ce ton de décence, aussi éloigné de la contrainte que de la trop grande liberté, et la preuve que l'on n'est déplacé nulle part. Accoutumés à se permettre tout, et nécessairement gênés lorsque la présence de quelques Femmes honnêtes leur en impose, ils décèlent leur contrainte par leur ennui. Il est certain qu'en perdant de leur liberté, ils perdent de leur aisance, par conséquent de leurs graces et de leurs moyens de plaire. Aussi font-ils ce qu'ils peuvent pour s'éloigner du grand Monde, et ils n'auroient peut-être pas tant de tort, si ce n'étoit pour vivre dans des Sociétés également funestes à leurs mœurs et à leur conservation.

Au milieu de la corruption générale, il est doux de trouver quelqu'exception honorable à l'Humanité. Avec quel attendrissement nous aimons à nous rappeller ce jeune Guerrier, brûlant de s'illustrer à la fleur de son âge ! Ni les douceurs d'une vie tranquille, ni les chaînes d'un nouvel Hyménée, rien ne l'arrête. Il brûle de se faire un nom, lorsque les autres pensent à peine à se choisir un état; et l'amour de la Gloire lui fait braver tous les dangers et oublier tous les plaisirs. Ni les rigueurs d'une saison cruelle, ni les hazards d'une navigation incertaine et pénible, rien ne peut modérer son ardeur. Il va servir la cause de la LIBERTÉ, et joindre son nom glorieux à ceux de ses plus courageux défenseurs. Cette soif de réputation seroit bien moins estimable sans doute, si elle n'eût été soutenue de toutes les qualités capables de lui prêter de l'appui et d'en relever l'éclat. Mais loin de n'être qu'une effervescence passagère, nous avons vu cette première démarche soutenue par une prudence, rare dans une aussi grande jeunesse; et ce Héros a déployé à vingt-quatre ans un assemblage de connoissances capables d'honorer tous les âges. Un succès heureux est venu couronner cette entreprise éclatante : mille Jeunes-Gens se sont empressés de suivre un exemple aussi beau ; mais sans avoir pu faire oublier celui qui le leur avoit donné.

Combien nous sommes heureux d'avoir pu, dans un Ouvrage entrepris pour la gloire des Mœurs, consacrer quelques lignes au jeune Guerrier qui les a si dignement honorées ! Flattés d'avoir été, dans son enfance, le compagnon de ses travaux et le témoin de ses succès, nous nous félicitons d'être devenus aujourd'hui l'Historien de sa gloire, et de pouvoir présenter au Public ce foible hommage de notre satisfaction personnelle. Quelle douce jouissance pour un Etre qui pense, de voir que, dans ce Siècle corrompu, la Vertu, l'Honneur et le Courage trouvent encore des Cœurs pour les pratiquer, et des Hommes faits pour en connoître le prix !

DU MARIAGE.

SI le Mariage n'étoit pas d'institution divine, ce seroit sans doute la plus respectable des associations humaines. Quoi de plus intéressant de voir deux Êtres faits l'un pour l'autre, céder à la voix de la Nature, suivre le penchant qui les entraîne, et, par un échange réciproque de leurs sensations, confondre leur existence pour en multiplier la durée! Jaloux de soulager l'un dans l'autre les malheurs de la vie, ils se font un devoir d'en partager les peines, afin d'en ressentir doublement les plaisirs. La source de leur bonheur est une confiance sans bornes, un épanchement mutuel, un attachement à toute épreuve. Lorsqu'une première ardeur commence à se rallentir, de nouveaux gages de leur félicité viennent en resserrer les nœuds; ils s'applaudissent de leurs sentimens dans les Êtres même qui en sont le produit; et le soin de pourvoir à la conservation de ces intéressantes créatures les rapproche plus intimement encore, et confond deux volontés dans une sensation.

Rien n'est, sans doute, plus touchant qu'un

tel spectacle. Mais, hélas ! pourquoi faut-il que les modèles en soient si rares ? pourquoi sommes-nous forcés de chercher dans l'imagination les traits d'un Tableau que devroit sans cesse offrir la Nature ; et pourquoi une illusion si chère ne se transforme-t-elle presque jamais en réalité ?

Il n'est pas besoin de parcourir les différentes époques de l'existence de l'Homme, pour trouver la solution de ce problême. Plus il s'est éloigné de la Nature, plus il s'est écarté du Bonheur ; et, par une gradation affligeante, il a toujours été plus malheureux en devenant plus éclairé. Seroit-il donc vrai que les acquisitions de l'Esprit se fissent toujours aux dépens du Bonheur, et la mesure de nos connoissances seroit-elle aussi celle de notre corruption ?

Malgré le sentiment de l'éloquent Citoyen de Genève, de ce Génie sublime, à qui l'on n'a pas pardonné d'avoir donné l'exemple des vertus qu'il inspiroit, nous n'osons prendre sur nous de juger cette question ; et, nous bornant à déplorer l'usage que les Hommes ont toujours fait de leurs lumières, nous remarquerons que les siècles d'ignorance et de barbarie n'ont pas été, plus que le nôtre, exempts des forfaits qui souillent les Annales de l'Humanité.

Par une suite de cette corruption générale, dont les progrès ont été rapides (,ceux du mal le sont toujours), le Mariage est étrangement dégénéré de sa première institution. La multitude de Célibataires qu'il y avoit à Rome, malgré la vigilance des Loix qui tendoient à en diminuer le nombre, prouve que les Maris n'y jouissoient pas d'un sort plus heureux qu'aujourd'hui, et que chacun redoutoit un engagement dont les suites sont vraiment effrayantes: ils avoient cependant la ressource du Divorce, que nous n'avons pas, et tout contribuoit à leur rendre ce fardeau plus léger.

A Paris, le Mariage n'est plus qu'un contrat d'échange, un marché réciproque dans lequel chacun cherche son avantage. La Beauté, la Vertu, rien n'y fait : et une Fille le restera long-temps, si une grande quantité d'or ne vient à l'appui de ces avantages ou ne les supplée. Tant que le funeste abus des Dots subsistera, il est difficile que les choses se passent autrement ; et puisque l'argent seul tient lieu de tout, pourquoi nos Jeunes Personnes se donneroient-elles la peine d'acquérir les qualités qui pourroient le remplacer?

Les Mariages d'inclination sont aujourd'hui

fort rares : ils jettent une sorte de ridicule sur ceux qui les contractent, et nuisent souvent à leur avancement. Il est de l'intérêt des Femmes de les proscrire. Elles verroient avec chagrin une Rivale devoir à sa beauté ce qu'elles ne doivent qu'à leur or. Mais on observe aussi (et cette remarque n'est, hélas ! que trop vraie) que ces sortes de Mariages sont rarement heureux. « La Passion, a dit M. *Diderot*, voit tout « éternel ; mais la Nature Humaine veut que « tout finisse ». Le sentiment s'épuise, le voile tombe : on apperçoit des suites qu'on n'avoit pas prévues ; et à l'Amour le plus tendre succède la froideur, et souvent le mépris. Il faut que dans cette occurrence une Femme ait infiniment d'esprit et de douceur pour ramener son Epoux ; mais ordinairement l'aigreur s'en mêle ; autant l'attachement de son Mari l'a flattée, autant elle est sensible à son indifférence ; et, par sa conduite, elle achève de détruire dans son cœur le peu de tendresse qu'avec plus d'art elle auroit pu faire renaître.

Il répugne cependant moins à la Nature que ce soit l'Homme qui élève sa femme jusqu'à lui, que de voir cette dernière assurer un rang à son Epoux. Dans le premier cas, l'Homme garde la dignité de son être ; et l'on sait qu'*il* n'y a de *Ménages heureux que ceux où le Mari commande*. C'est une vérité que nos Dames Parisiennes auront de la peine à se persuader; mais elle est appuyée sur tant d'exemples, qu'il seroit inutile de la vouloir révoquer en doute. L'un des plus grands Peintres du siècle, M. *Rétif de la Bretone*, n'a cessé de la répéter et de la prouver par des faits. Nous renvoyons les Incrédules à ses Ouvrages, et sur-tout à ses *Contemporaines*, qui semblent avoir plus particulièrement ce but : ils y trouveront une foule de préceptes sûrs pour vivre heureux en ménage ; et tout n'en iroit que mieux sans doute, si les femmes, connoissant mieux leurs véritables intérêts, pouvoient se pénétrer des Œuvres de cet Auteur.

Despréaux, à l'exemple de Juvénal, a passé en revue les différens caractères des Femmes. Il nous a montré successivement dans sa Xe Satyre la Coquette, la Joueuse, l'Avare, la Bizarre, la Savante, la Précieuse, la Bourgeoise de qualité, la fausse Dévote, la Pédante et la Plaideuse. C'est une galerie de Portraits d'autant plus propres à dégouter du Mariage, qu'ils joignent à la vérité le mérite de la versification.

S'il falloit absolument choisir une Femme

dans toutes celles-ci, l'embarras ne seroit pas petit. Une Coquette deshonore son Mari ; une Joueuse le ruine ; une Savante l'ennuie ; une Précieuse le désespère ; une Dévote le fait enrager ; en vérité, il y a bien là de quoi déterminer le plus intrépide Épouseur au Célibat.

On prétend que la Comédie des *Femmes Savantes* n'auroit plus aujourd'hui le même sel que du temps de Molière ; ce ne seroit cependant pas faute d'originaux. Nous voyons jusqu'à des Marchandes s'ériger en Beaux-Esprits, quitter leur Comptoir, abandonner leur Commerce et leur Ménage pour tenir des Assemblées hebdomadaires, où rien n'est plus ridicule que la Présidente, si ce n'est les Sots qui l'entretiennent dans cette inconcevable manie. Il est inouï que les Gens-de-Lettres daignent se prêter à un manège aussi méprisable, et il n'y a que l'extrême besoin qui puisse faire excuser une telle conduite. Le Bel-Esprit est cependant l'excès le moins dangereux dans lequel puissent donner les Femmes ; il ne sert qu'à les rendre ridicules.

On se marie à Paris pour avoir des Enfans, et il n'est aucun Pays où l'on en connoisse moins le bonheur. Les noms, les doux noms de Père et d'Epoux, y sont inusités : un Père appelle son Fils *Monsieur*, et le Mari son Epouse, *Madame*. Chacun vit de son côté, a sa société, et quelquefois sa maison. Les séparations volontaires sont fort communes; et l'on trouve plus facile de renoncer à se voir, que de se contraindre un peu pour bien vivre ensemble.

Le bonheur d'un Mari dépend du ton qu'il prend avec sa Femme dans les premiers mois de son mariage. S'il montre de la fermeté, son Epouse sera docile, et il lui saura gré par la suite de ses moindres complaisances : mais s'il se laisse dominer d'abord, il ne pourra jamais reprendre l'autorité qu'il aura laissé perdre ; et contraint de vivre dans la dépendance, et de laisser avilir sa qualité d'Homme, il traînera des jours malheureux ; mais il ne devra accuser que lui-même de son sort.

RIEN n'est si rare à Paris que la Jalousie. C'est une Passion trop incommode dans la Société, pour qu'on ne cherche pas à l'en bannir. Au bout de six mois de mariage, on ne permet plus à un Homme de veiller sur sa Femme, sous peine du ridicule le plus ineffaçable. Un Jaloux est un monstre; on le fuit, on le repousse; il est regardé comme un Pertubateur du repos public et des plaisirs de la Société.

Mais aussi rien de plus ordinaire qu'un Mari commode. Combien vivent de leur complaisance, et jouissent d'un bien être dont ils dédaignent de connoître la source ! Combien s'éclipsent adroitement lorsqu'on vient visiter Madame ! Combien enfin se font une habitude de leur ignominie, et sont tout prêts d'en tirer vanité !

Un préjugé antique entache l'Homme dont la Femme est infidelle ; et ce préjugé n'a pas été établi sans cause. On a pensé que la crainte du Ridicule rendroit les Maris plus surveillans; mais on n'a pas songé que le desir de la vengeance, joint à l'attrait de la volupté, rendroit les Femmes plus incontinentes. Qu'est-il arrivé? On s'est ennuyé d'être Jaloux ; on s'est accoutumé à être trompé : les Maris eux-mêmes en plaisantent, et la Société n'est plus qu'un commerce d'infidélités réciproques.

Il se trouve cependant encore quelquefois des Etres récalcitrans, qui tiennent aux anciennes opinions, et ne veulent pas se laisser jouer sans mot dire. On plaide en séparation : mais qu'arrive-t-il ? Le Public prend toujours le parti de la Femme ; toute sa Famille s'unit contre le pauvre Mari ; l'Avocat le plus éloquent plaide pour elle : les plus jolies Solliciteuses sont en campagne ; et comme les preuves d'infidélité sont fort difficiles à acquérir, l'Epoux en est souvent pour ses frais, et pour la honte d'avoir rendu son déshonneur public. S'il gagne, c'est-à-peu-près la même chose : c'est un Monstre à fuir ; toutes les Femmes, dont l'intérêt est commun, l'ont en horreur ; il n'ose plus se montrer ; il pleure son triomphe, et regrette son premier état. C'est ainsi que la corruption sait éluder les Loix, et que les Mœurs de la Société sont sans cesse en contradiction avec ses Usages.

Pour comble de malheur, ce n'est presque jamais l'homme qui contracte, qui choisit. Il ne devra connoître l'Epouse qu'on lui destine, que lorsqu'il ne pourra plus la refuser : et c'est souvent après la signature du contrat que se fait l'entrevue. Pères injustes et barbares ! ne connoîtrez vous jamais les bornes de votre autorité ? Vous avez eu autrefois un cœur, et si vous n'en avez pas fait usage, est ce donc ma faute ? Dois-je porter la peine de la tyrannie de mon Aïeul ; et parce que vous avez été contraints, faut-il que je le sois à mon tour ? Voilà ce qu'un Jeune-Homme impétueux, dont on contrarie les inclinations, pourroit adresser

aux

aux Auteurs de ses jours. Mais peut-être ce reproche n'est il au fond qu'un sophisme ? Et si l'autorité paternelle doit s'arrêter lorsqu'il s'agit de forcer l'inclination, convenons aussi que l'Amour est en général un mauvais guide, qu'il nous aveugle au lieu de nous éclairer, et que l'œil de l'expérience voit toujours mieux que celui de la Passion.

Si des motifs humains ne guidoient pas si souvent la volonté des Pères, ce ne seroit donc pas un très grand mal que de leur laisser le choix. L'Estime est plus nécessaire en ménage que l'Amour ; et lorsque celui-ci dégénère en indifférence, l'Estime au contraire se change en une amitié tendre, plus solide et plus capable de fonder le bonheur, qu'une effervescence passagère. Mais les Pères ne voient dans l'établissement de leurs Enfans qu'un moyen de satisfaire leur propre ambition. Peu jaloux du soin de les rendre heureux, ils ne pensent guère qu'à les rendre riches, parce que la Fortune est, selon eux, le principe de tout Bonheur. Le plus ou le moins d'étendue de la Dot est donc toujours ce qui les décide. Funeste conséquence des Mœurs d'un siècle, où l'or tient lieu de tout, fait tout entreprendre, et devient

H

la récompense de la Vertu, comme le véhicule de tous les crimes!

S'il falloit attendre pour se marier que les Mœurs devinssent meilleures, les Femmes plus sages et le Luxe moins dévorant, on courroit grand risque de mourir Célibataire. Mais entre tous les excès il est un milieu, et le Sage fuit toujours les extrêmes. Les unions heureuses sont rares, il est vrai ; mais il en existe encore quelques-unes, même dans la Capitale. Si les grandes Villes sont le centre des Vices, elles sont aussi, par une conséquence nécessaire, la demeure des Vertus, et nous connoissons à Paris plus d'un Ménage fortuné. Mais qu'on prenne garde que c'est dans l'état mitoyen qu'ils se rencontrent. Si la bassesse avilit l'ame, la grandeur corrompt les mœurs; et ce n'est presque jamais que dans la Bourgeoisie, et surtout dans le Commerce, qu'on trouve l'exemple des vertus domestiques. Il nous seroit facile de faire connoître plusieurs excellentes Mères de famille, qui remplissent avec joie leurs devoirs d'Epouses chastes et de Filles reconnoissantes: mais ne seroit-ce pas donner atteinte à leur bonheur que de le publier? Combien de Gens, las de victoires faciles, se feroient un point d'honneur de troubler cette heureuse tranquillité ! Couvrons donc d'un voile impénétrable ces Femmes estimables, et rappellons-nous que la première vertu de leur Sexe est l'obscurité (24).

O vous, destinés à remplir un jour la carrière du Mariage, souvenez-vous que le bonheur dépend des premiers pas que l'on y fait ! Votre destinée est en vos mains ; si elle n'est pas heureuse, n'en accusez que votre foiblesse et votre pusillanimité.

---

(24) Rien de plus estimable à Paris, que la Classe des Marchands, et sur-tout des Marchands d'objets utiles : on y retrouve encore toutes les Vertus qu'on chercheroit en vain dans les autres classes de la Société ; et, au physique comme au moral, nous ne connoissons pas de Femmes qui méritent mieux les hommages et les éloges d'un galant Homme, que celles qui font leur état d'une profession aussi respectable qu'elle est utile.

Nous pourrions nous étendre davantage sur ce sujet, et nous le ferions avec d'autant plus de complaisance que nous aimons mieux louer que reprendre, mais nous réservons cette satisfaction pour un autre Ouvrage où cette matière sera moins étrangère ; on ne nous a que trop reproché de n'avoir pas rempli notre titre, et nous voulons d'autant moins continuer d'encourir les reproches de MM. les Journalistes, que nous ne sommes pas sûrs d'une quatrième Édition, pour y consacrer notre reconnoissance.

DU CÉLIBAT.

Le Célibat est de toute antiquité; il a commencé avec le Monde, et il ne finira qu'après lui. Mais en est-il pour cela plus respectable? C'est ce que nous allons nous permettre d'examiner.

L'intérêt général de la Société est, sans doute, que chacun de ses Individus travaille à augmenter le nombre des Membres qui la composent. D'après ce principe, le Célibat a dû nécessairement être proscrit par les Loix, et plus sévèrement encore dans le premier Age, où la terre avoit besoin d'habitans. Cependant, par une inconséquence assez singulière, tous les Peuples qui notoient d'infamie, ou du moins de flétrissure, les Célibataires, ne permettoient qu'à ces mêmes Hommes d'approcher les Autels de leurs Dieux. Moyse faisoit aux Prêtres et aux Lévites un devoir de la continence, ou du moins de l'abstinence des Femmes pendant quelques jours, lorsque leur tour d'officier à l'Autel s'approcheroit. Chez les Egyptiens, les Prêtres d'Isis; chez les Athéniens, les Hyérophantes; les Vestales à Rome; et en général tous ceux consacrés au service des Dieux et des Déesses, étoient obligés de faire profession de Chasteté : ces sortes de vœux étoient-ils scrupuleusement gardés ? nous ne le croyons pas ; et sans doute toutes les Vierges qui y ont manqué n'ont pas été brûlées vives : mais enfin la Loi existoit, et nous voyons qu'elle subsiste encore parmi nous.

Les Prêtres de l'Eglise Romaine ont eu jusqu'au dixième siècle la permission d'être mariés, c'est-à-dire, que l'on ne faisoit pas difficulté d'ordonner ceux qui l'étoient ; mais, une fois dans les Ordres, s'ils devenoient veufs, ils ne pouvoient convoler à de secondes noces. Il est certain que, même aujourd'hui, il ne subsiste point de Loi dans l'Église Latine, qui défende d'ordonner des personnes mariées ; et lorsqu'au Concile de Trente il fut question de rendre aux Prêtres la liberté que l'oubli de l'ancien usage leur avoit fait perdre, ce furent les plus jeunes qui s'y opposèrent.

Nous n'entreprendrons point de renouveller ici la proposition tant de fois agitée, s'il seroit utile à l'Église d'abroger le Célibat des Prêtres. La Société y gagneroit peut-être, et nous ne voyons pas que dans les Pays Protestans, où l'on sait qu'ils se marient, il en résulte de grands abus. L'hérédité des Bénéfices seroit sans doute un des inconvéniens de cette liberté ; et il paroît que l'Église regarde le Célibat comme un état plus parfait que le Mariage. Convenons au moins qu'il donne plus de temps pour vaquer aux exercices spirituels, et que ne concentrant pas l'affection sur un Être particulier, il permet de l'étendre sur tous ceux dont on est chargé de diriger la conduite. Ceux de nos Lecteurs qui seroient tentés d'approfondir cette matière, peuvent recourir aux différens Ouvrages politiques de l'Abbé de Saint-Pierre, où cette question intéressante est traitée dans un grand détail.

Le Célibat est sans doute nuisible à la Société : « Car (comme l'a remarqué M. de Montesquieu), » plus on diminue le nombre » des Mariages qui devroient se faire, plus on » nuit à ceux qui sont faits ; et moins il y a » de gens mariés, moins il y a de fidélité » dans les Mariages, comme lorsqu'il y a plus » de Voleurs, il y a plus de vols ». Pour renoncer au Mariage, on ne renonce pas aux Femmes ; alors il faut vivre sur le bien du Prochain, et entretenir le scandale de la Société.

Si les Célibataires ne se bornoient encore

qu'à la séduction, le mal, quoique très-grand, auroit des suites moins funestes. A Paris surtout, où l'habitude du désordre fait perdre aux vices de leur difformité, et où l'on ne se plaint presque jamais pour n'avoir pas toujours à se plaindre, on y feroit peu d'attention. Mais combien de gens désœuvrés, à l'aide d'un habit noir et d'un petit collet, s'introduisent dans les familles, moins encore pour séduire que pour diviser; se plaisent à armer une Mère contre ses Enfans, à souffler le feu de la Discorde dans une Famille, afin de régner ensuite tranquillement eux-mêmes! Heureux encore si, après avoir expulsé le Fils de la maison paternelle, ils ne chassent pas l'Epoux lui-même de ses propres foyers! Tout fait à ce dernier un devoir du silence; il est obligé d'endurer des mortifications pénibles, d'être en quelque sorte le témoin impassible de son déshonneur; et s'il s'avisoit de faire éclater son juste mécontentement, la moitié du monde seroit contre lui, et l'autre ne prendroit pas part à sa querelle.

PARMI la foule de Célibataires qui vivent à Paris, on en distingue d'une classe particulière, et qui font un ordre à part; ce sont les *Abbés*. Ces gens ne tiennent absolument en rien à l'Église, mais cet habit est pour eux le plus utile de tous les passe-ports.

Avec un peu d'esprit, beaucoup d'impudence et quelque figure, ils sont sûrs de faire rapidement leur chemin. Ils s'attachent d'abord à quelques Maisons riches, sur lesquelles ils ont jetté leur dévolu. Ils s'y introduisent à force de soumissions, s'y soutiennent à force de bassesses, et parviennent, lorsqu'ils ont acquis la confiance de la Maîtresse, à se faire craindre des Valets, redouter des Connoissances, et à éloigner tous ceux qu'ils pourroient redouter eux-mêmes. Ce sont, en quelque sorte, des Dominateurs impérieux, dont il est difficile de secouer les fers. On n'ose rien entreprendre sans leur avis; ils sont consultés sur tout. Le sort des Enfans, celui des Domestiques, l'emploi des revenus, le choix de la Société, tout dépend de ces Etres incompréhensibles; et ils finissent souvent par hériter de leurs Patrons, au préjudice des Parens les plus proches qu'ils ont su adroitement éloigner : car c'est ordinairement chez les vieilles Filles ou chez les Veuves qu'ils s'impatronisent de préférence.

Cet ordre de gens inutiles est multiplié à un tel point, qu'il n'est pas de Maison un peu fortunée à Paris, qui n'ait le sien, et il suffit de demander au Suisse des nouvelles de l'*Abbé*, pour en être compris.

On compte en cette Capitale *cent mille* Célibataires, ce qui fait environ un septième de sa population. Qu'on juge, par ce nombre effrayant, combien les Mariages y sont difficiles, et combien l'amour de la liberté entraîne d'Individus. Le point étonnant où le luxe est poussé aujourd'hui en est la principale cause. Un Garçon, sans être riche, est à son aise avec mille écus de rente; il est ruiné, s'il se marie avec deux mille. Une Bourgeoise veut être mise comme une Financière, celle-ci comme une Duchesse: il n'y a d'autres bornes à cette fatale émulation que les facultés du Mari, dont le revenu se dissipe en gazes et en rubans. Quoique la mode soit plus simple qu'autrefois, elle est cependant plus dispendieuse; on est mis moins magnifiquement, et il en coûte plus cher. C'est encore un des secrets dus à la Philosophie du siècle, de dépenser beaucoup, pour paroître peu.

Il est telle Femme dans Paris, (et l'on pense bien que ce n'est pas une Femme d'esprit,) dont le mémoire de la Marchande de Modes se monte à quatre-vingts mille livres par année: elle dissipe en pompons son Douaire, la Garde-noble de sa Fille, et peut-être aussi sa Dot.

D'après ce tableau effrayant, quel est l'Homme qui ne redoutera pas de s'engager dans les liens du Mariage ? Plus sa Femme lui apportera d'argent, plus elle croira avoir acquis le droit d'en dépenser. Il faut faire face à tout; les dettes s'accumulent; on emprunte de tous côtés: mais la confiance s'altère; les Créanciers s'unissent, et ce n'est que par une *Ruine* désastreuse qu'on voit terminer toute cette magnificence.

Le Célibat, dont les progrès ont toujours suivi ceux du Luxe, s'est étendu sur toutes les classes de la Société. Le Pauvre, qui redoute la Misère et ses suites cruelles; qui craint jusqu'au doux nom de Père, qu'il ne pourra donner qu'à des Êtres souffrans; le Pauvre attend jusqu'à cinquante ans pour se marier. Il choisit alors une Femme de son âge, unit sa petite fortune à la sienne, et content de passer ses vieux jours dans la tranquillité, il n'appréhende plus ce qui, dans d'autres circonstances, eût fait son bonheur.

Si le Célibat est, comme nous n'en doutons pas, préjudiciable à la Société, il est certain que nous faisons tout ce qu'il faut pour l'entretenir; les Femmes par leur conduite, et le Monde par le peu de respect qu'il porte aux Pères de Famille. Dans les premiers âges de la Nature, une nombreuse population étoit un titre au respect de ses Concitoyens ; aujourd'hui ç'en est un à leur indifférence. On semble craindre la liaison d'un tel Homme, parce qu'on sent qu'il aura peut-être besoin de nos services, et que l'on ne redoute rien tant à Paris que d'obliger.

Il existoit, comme nous l'avons dit, chez les Anciens, des Loix contre les Célibataires : celles de Lycurgue les notoient d'infamie. A Rome, ils étoient exclus des Charges publiques ; ils ne pouvoient ester en Justice ; et la première question que l'on faisoit à un Homme appellé en témoignage etoit celle-ci : *Ex animi tui sententiâ, tu equum habes, tu uxorem habes?* De nos jours, au contraire, nous les voyons accueillis par-tout, fêtés, recherchés : et le moyen, lorsqu'un vice commode est en honneur, qu'il ne se propage pas rapidement ?

La Prostitution est encore une suite nécessaire du Célibat. Il existe, dit-on, à Paris, quarante mille Femmes vouées aux Plaisirs publics ; et le nombre en seroit beaucoup moindre, si le Mariage étoit plus respecté, et si les Femmes, entendant mieux leurs intérêts, savoient rendre à leurs Epoux leur intérieur agréable.

Il est des abus que rien ne peut déraciner ; et le Ridicule, qui quelquefois a corrigé des Défauts, est toujours demeuré impuissant contre les Vices. Molière a diminué le nombre des Précieuses, des Femmes savantes, des Misanthropes ; mais il n'a pu corriger les Avares. Regnard et feu M. Saurin ont tracé du Jeu des tableaux effrayans ; et c'est au sortir du *Joueur* et de *Beverley*, c'est après avoir lu l'estimable Ouvrage de M. Dussaulx, que l'on va perdre quinze mille louis autour d'une table ronde. L'expérience seule, ou plutôt le défaut d'aliment, amortit les passions des Hommes. C'est ainsi qu'un Joueur ne cesse de l'être que quand il est ruiné ; un Libertin, lorsque l'impuissance ne lui permet plus de se livrer à ses turpitudes, &c.

Le goût du Célibat semble suivre une marche absolument contraire ; il diminue avec l'âge. On sent aux approches de la Vieillesse, la nécessité de se faire une Société. On craint de se voir livré à la cupidité de ses Domestiques, à l'avide impatience de ses Héritiers ; on a besoin d'être père, et nous avons observé que, depuis cinquante jusqu'à soixante-dix ans, il se fait plus de Mariages que de trente à quarante. Quoique le principal but de cette union soit alors manqué, on ne sauroit cependant les blâmer. Il est doux de prendre une Compagne, dont les soins

seront toujours plus tendres que ceux des Mer-
cenaires : mais il faut du rapport dans l'âge et
dans l'humeur ; et ces sortes d'associations ne
peuvent être tolérées, que lorsque ces deux considérations s'y rencontrent.

En effet, quoi de plus ridicule, de plus odieux
même, de voir une jeune Personne de dix-huit
ans devenir la proie d'un Vieillard septuagénaire ?
Un tel assemblage répugne à la Nature ; il est contraire aux Loix de la Société ; et tout s'accorde
pour le faire proscrire. Ces sortes d'unions ne
sont cependant pas rares : il n'est que trop fré-
quent de voir des Parens livrer ainsi leurs Filles,
et devenir eux-mêmes les auteurs de leur perte
et de leur déshonneur ; car tout Vieillard s'ex-
pose à être trompé et à n'être pas plaint : chacun,
au contraire, voudroit être de moitié dans les
infidélités qu'on lui fait, sur-tout si sa Femme
est jolie ; et si quelque chose pouvoit excuser
l'inconduite d'une Epouse, ce seroit l'âge avancé
de son Mari. Mais il semble qu'on devienne plus
exigeant à mesure que l'on perd les moyens de
plaire, et la Jalousie est la seule passion qui tour-
mente encore les Vieillards.

Un Poëte estimable, et qui méritoit sans
doute une destinée plus longue et plus heureuse,

M. Dorat, a essayé de porter sur la Scène le caractère du Célibataire ; mais il a manqué son sujet, en faisant de son Héros le plus inconséquent des Hommes. Il nous le fait voir amoureux, et finit par le faire marier. Il se rend sans être convaincu, et se prépare par conséquent un triste avenir, puisque sa vie future est absolument opposée à ses principes (25). M. Dorat, qui sentoit très-bien ce défaut (nécessaire à la publicité de sa Pièce), avoit reporté sur un personnage du second plan le véritable Célibataire. C'est un Vieillard désœuvré, qui s'ennuie de ne tenir à rien, et qui se trouve bien sot d'avoir été trop sage. L'Auteur prétend cependant, dans sa Préface, que ce rôle n'est point le véritable Célibataire, et qu'il ne pouvoit produire aucun intérêt. Nous convenons effectivement qu'un tel Individu n'est guères fait pour intéresser ; mais c'est à coup sûr le vrai modèle du caractère qu'il avoit à peindre. Nous en voyons un exemple dans une Comédie charmante qu'on joue souvent sur notre Théatre, et dont le véritable titre devroit être : *le Célibataire ou les inconvéniens du Célibat*. Cette Pièce est *le Legataire universel* de Regnard. Qu'on y

---

(25) Le sentiment m'éclaire et seul m'a corrigé. *Acte V.*

réfléchisse, et l'on verra que pour n'avoir encore été faite par personne, notre observation n'en est pas moins juste (26).

Si la Comédie de M. Dorat péche par l'ensemble, on ne peut refuser aux détails de justes éloges. Il en est beaucoup de très-saillans ; et celui-ci, par exemple, renferme une peinture si énergique et si vraie des inconvéniens du Mariage, que nous ne pouvons nous refuser au plaisir de le transcrire ici. Il faut se rappeller que Montbrisson défend la cause de l'Hymen.

Il produit peu de mal ; des biens il en fait mille.

TERVILLE.

C'en est trop ! regardez, c'est tout ce que je veux.
Sur la Société jettez enfin les yeux.
Considérez, Monsieur, les malheurs qu'il entraine.
Combien d'infortunés ont pleuré sur sa chaine !
Voyez de tous côtés les scandaleux éclats,
(Je ne dis rien des maux que l'on n'apperçoit pas).
Quels motifs parmi nous règlent les Mariages ?
L'orgueil, l'intérêt vil, quelques vains avantages ;
Et qu'attendre d'un cœur, s'engageant sans attrait,
Dans un âge, où promettre est...au moins indiscret ;
Dans ces arrangemens si froids, si légitimes,
Nous sommes, tour-à-tour, oppresseurs et victimes.

---

(26) Voyez le N°. XXVI du Journal des Théâtres, 1776.

De-là, tant de Beautés que l'on voue aux douleurs,
Qui perdent leur jeunesse, et vont perdre leurs mœurs;
Les Enfans égarés par l'exemple des Pères,
Les regrets, le désordre et l'opprobre des Mères;
Les Maris bafoués, et même par des sots ;
Des noms d'Epoux traînés dans tous les Tribunaux ;
La Femme qu'on accable après l'avoir vendue,
Et que la Loi renferme après l'avoir perdue :
Celle qui, d'un Jaloux redoutant l'œil vengeur,
Craint jusqu'à sa pensée, et l'enferme en son cœur ;
Celle enfin qui, suivant un charme involontaire,
Cherche confusément l'objet qui doit lui plaire.
Voyez quelle est la fin même des plus prudens;
Des séparations au bout de quarante ans,
Mille soucis secrets, d'éternelles alarmes,
Les affronts, le mépris, le malheur et les larmes...
Voilà pourtant, voilà l'effet le plus commun
D'un nœud souvent horrible, et toujours importun.

Si ce Tableau est effrayant, n'en accusons que nos Mœurs actuelles. M. Dorat les avoit bien étudiées, et il étoit tellement persuadé de la vérité de tout ce qu'il fait dire à Terville, qu'avec une ame ouverte, un cœur sensible, et toute la délicatesse de l'honnêteté, il a constamment fui le joug du Mariage. Pour nous, qui avons joui quelques années de son amitié, et qui l'avons connu tard pour le regretter long-temps, nous nous félicitons de pouvoir donner ici quelques larmes à sa mémoire : heureux si les fleurs dont nous nous
empresserons

empresserons toujours de couvrir son tombeau, pouvoient adoucir les regrets des maux qui l'y ont conduit (27) !

IL nous reste à justifier une inconséquence apparente, que quelques personnes ne manqueront pas sans doute de trouver entre le titre de cet Ouvrage et la manière dont il est rempli. L'Auteur s'annonce, dira-t-on, pour un Célibataire, et dans le cours de son Livre il s'élève contre le Célibat. Oui, sans doute, le Célibat actuel nous paroît d'autant plus blâmable, qu'il est ordinairement le fruit du Libertinage plutôt que de la Philosophie. On craint moins de se lier qu'on cherche à ne pas l'être; et l'atttrait de l'Inconstance, la vue des Plaisirs faciles et l'Egoïsme, font plus de la moitié des Célibataires. Nous convenons qu'il y a beaucoup de mérite à porter en ce siècle les chaînes de l'Hymen: elles sont plus pesantes que jamais; mais plus le dévouement est grand, plus la gloire l'est

---

(27) L'Auteur de cet Ouvrage prépare un Eloge historique de M. Dorat, qui paroîtra bientôt. On sait qu'il s'occupe aussi de l'Eloge de feu M. Fréron, dans lequel il espère présenter un tableau intéressant de notre Littérature, depuis 1744, jusqu'en 1777. Ces deux Opuscules annoncés en 1780, verront le jour en 1785.

I

aussi. On n'est pas sur la Terre pour n'y trouver que des Plaisirs ; et puisque chacun doit payer a dette à la Société, il est beau de se sacrifier pour elle, et d'immoler les sensations de l'Homme volage aux devoirs du Citoyen. D'ailleurs, notre but n'a jamais été de prouver qu'il n'y eût plus d'unions heureuses. Elles sont rares sans doute ; mais il en existe, et peut-être plus qu'on ne le croit. Nous avons tâché de faire entendre au contraire qu'il ne dépend que de l'Homme d'être heureux dans l'état du Mariage ; qu'il doit lui-même former le caractère de la Femme associée à son existence ; et que si ce travail est plus difficile dans le grand Monde que dans un état mitoyen, il faut convenir aussi que, par une juste compensation, les chaînes y sont bien plus légères, et que les Affaires, les Plaisirs et le tourbillon continuel dans lequel on y vit, apportent aux maux une distraction qui diminue leur amertume.

On doit cependant distinguer de la foule des Célibataires entraînés dans cet état par le vice, ce petit nombre de gens vertueux que l'amour des Lettres, le goût de la retraite et l'étude de la Philosophie retiennent dans la solitude, éloignent du grand Monde, et rendent incapables des embarras du Ménage et des devoirs qu'exige l'état du Mariage. Ce n'est point par libertinage qu'ils y ont renoncé; leur conduite le prouve. Heureux par leur indépendance, vivant avec un petit nombre d'amis qui leur ressemblent, assez fortunés pour ne connoître les Passions que par l'étude philosophique qu'ils en ont faite, on ne peut, sans injustice, leur donner le nom de mauvais Citoyens. S'ils n'ont pas ces liens puissans qui attachent les autres Hommes à la Société, ils ne sont cependant pas moins sensibles aux maux de leurs frères : et peut-être font-ils, par amour de l'Humanité, ce que bien d'autres ne font que par intérêt et par orgueil.

Tels sont les *GENS-DE-LETTRES*. Honnêtes, bienfaisans, simples, amis de la tranquillité et vertueux par choix, ils sont loin de haïr les Hommes, quoiqu'ils les connoissent, ils se contentent de les plaindre, de les soulager lorsqu'ils le peuvent, et de donner enfin l'exemple des vertus qu'ils préconisent. Les Gens du Monde ennemis nés des gens d'esprit, ne reconnoissent pas combien ils leur ont d'obligations ; mais l'Ingratitude n'a jamais tari dans un cœur honnête la source de la Bienfaisance. Ils tâchent de se faire pardonner leurs lumières, et se consolent en pensant que de toutes les classes de la Société, la leur est, sans contredit, celle qui renferme le plus de gens estimables. Qu'on prenne garde que nous ne parlons ici que des véritables Gens-de-Lettres, et que nous sommes loin de regarder comme tels tous ceux qui osent usurper ce titre sacré.

Voilà sans doute les véritables Célibataires, qu'on doit estimer, et les seuls qui méritent une exception honorable. Comme le nombre en est petit, ils ne font aucun tort à la Société, et la servent au contraire plus qu'ils ne lui nuisent. C'est à ceux qui fréquentent l'Auteur de cet Ouvrage, de décider s'il mérite d'être rangé dans cette classe : mais qu'on prenne garde qu'eux seuls en ont le droit, et que les autres ne peuvent, sans injustice, l'accuser d'une inconséquence dont il est loin peut-être de mériter le reproche. Il nous semble qu'il est temps de le connoître avant que de le juger; c'est bien assez d'avoir fait le contraire pendant vingt ans.

LA tâche que nous nous étions proposée est à-peu-près remplie. Notre but n'étoit pas de faire un Traité de Morale qui n'eût été lu de personne, mais de rassembler dans un court espace quelques Réflexions qui pussent être à la portée de tout le Monde. Nous n'avons fait sans doute qu'une esquisse au lieu d'un

sur le Plaisir. 133

Tableau : nous le savons ; mais nous avons voulu pressentir le goût du Public, avant d'entreprendre un Ouvrage plus considérable, et qui ne doit paroître que lorsque son succès sera en quelque sorte déterminé. Il reste dans notre Portefeuille une foule d'Observations dont l'ensemble pourroit paroître assez piquant : c'est une galerie de Tableaux, où nous passerions en revue différens états de la vie. Les Courtisans, les Comédiens, les Financiers, les Courtisanes, les Philosophes, les Petits-Maîtres, les Artistes, &c. y paroîtroient tour-à-tour, et ces Réflexions ne seroient peut-être pas sans quelque sel (28). La peinture des Mœurs de chaque siècle ne peut manquer d'intéresser ceux qui s'appliquent à la connoissance du cœur de l'Homme ; et plus cette étude devient difficile, plus on doit savoir quelque gré à ceux qui s'y consacrent. Nous

―――――

(28) Cet Ouvrage, intitulé : *Coup d'œil philosophique sur quelques Individus de la Société*, devoit paroître vers la fin de 1783, ou dans les premiers mois de 1784. L'accueil que l'on a daigné faire à celui-ci, nous engage à reculer ce terme ; mais nous prions d'avance ceux que ce titre pourroit alarmer, de croire que nous sommes loin d'annoncer un Libelle, et que nous n'avons jamais prétendu que tracer des peintures générales. Nous faisons quelquefois des Tableaux, mais nous ne nous permettrons jamais de tracer des portraits.

sentons le besoin que nous avons de l'indulgence du Public, et combien nos titres pour la mériter sont bornés. Si cependant l'accueil qu'on a fait aux premiers fruits de nos veilles peut être le garant de celui dont on continuera d'honorer cet Ouvrage, nos vœux seront remplis. L'estime publique est le prix le plus honorable et le plus flatteur qu'un homme de lettres puisse obtenir de ses travaux, c'est aussi le seul que nous ayons jamais ambitionné.

POST-SCRIPTUM DES ÉDITEURS.

Cette Édition devoit paroître au mois d'Avril de l'année derniere ; le Manuscrit étoit terminé à cette époque, et sans des obstacles qui sont survenus, elle eût été prête alors. Ces obstacles très-indifférens au Public, mais qui ont influé pendant quelque temps sur l'existence civile de l'Auteur, étoient levés dans les premiers jours de Juin, et notre Édition eût pu voir le jour ; mais l'Eté étant une saison absolument morte en Librairie, et les Capitalistes se joignant aux Consommateurs pour aller respirer un air pur à la Campagne, nous aurions eu le double désagrément de voir nos soins et nos dépenses devenues inutiles : notre Brochure n'étant plus une nouveauté à l'entrée de l'Hiver, se fût vue

sur le Plaisir. 135

dédaigner par cette classe de Lecteurs, malheureusement fort nombreuse, qui, jugeant des Livres comme des modes, n'estime que les plus modernes, et ne les regarde plus dès qu'ils ont perdu ce coloris de fraîcheur et de nouveauté qui assimile une Brochure à une jolie femme.

Dans ces circonstances, et par les considérations que nous venons d'établir; nous avons préféré de reculer jusqu'à cette année la publication de ces Réflexions, regrettant de n'avoir pu satisfaire aux demandes qui nous ont été faites de toutes les parties de l'Europe policée, et de nous être laissé prévenir par la cupidité des Contrefacteurs, race indestructible, qui s'approprie sans honte le fruit des veilles du Génie, et dont le brigandage brave tous les jours les loix et leurs Ministres (29).

Nous aurions désiré pouvoir changer quelque chose dans le Dialogue de l'Auteur avec le Public, et principalement tout ce qui a rapport à son nouveau domicile, qui n'ayant plus lieu

_____

(29) Il existe, dit-on, plusieurs Éditions furtives de cet Ouvrage, l'on nous a parlé d'une faite à Avignon et d'une autre à Rouen. Comme nous avons pour principe de ne croire guère que ce que nous voyons, nous n'assurerons pas leur existence, et nous nous bornerons à prévenir le public que la seule avouée par l'Auteur est celle-ci; reconnoissable entr'autres choses à sa marque empreinte sur le frontispice.

aujourd'hui devient ici un hors-d'œuvre ; mais cette feuille étoit tirée ; la recomposer eût entraîné des dépenses énormes, et que nous n'étions plus en état de supporter ; nous prions seulement nos Lecteurs de regarder comme une plaisanterie ce qui dans d'autres tems eût pu devenir une vérité.

Quoique nous ayons fait choix d'une saison favorable pour lâcher notre Édition, et que l'impatience du Public nous réponde en quelque sorte du débit, nous ne laissons pas d'avoir sur son succès des appréhensions allarmantes : nous allons nous trouver en concurrence avec les Joujoux d'étrennes, les Almanachs, les Globes Aërostatiques et les Oranges ; et dans un siecle tel que le nôtre, l'on conviendra sans peine que ce n'est pas le moment le plus favorable pour publier des *Réflexions philosophiques*.

FIN.

ERRATA TYPOGRAPHIQUE.

Page 17, ligne 13, c'en soit, *lisez* ce n'en soit.
Page 20, ligne 3, 1783, *lisez* 1784.
Page 22, lig. 16 & 17, mon titre mon ouvrage, *lisez* avec mon ouvrage.
Page 24, lig. 22......*lisez* impudent.
Page 25, lig. 7, vingt-quatre, *lisez* vingt-cinq.
Page 46, supprimez depuis la lig. 3, jusqu'à la 13, [il ne faut jamais plaisanter les morts.]
Page 53, lig. 16, n'en a, *lisez* n'en avoit.
Page 80, lig. 7, lequel, *lisez* lesquels.
Page 119, lig. 17, les, *lisez* des.

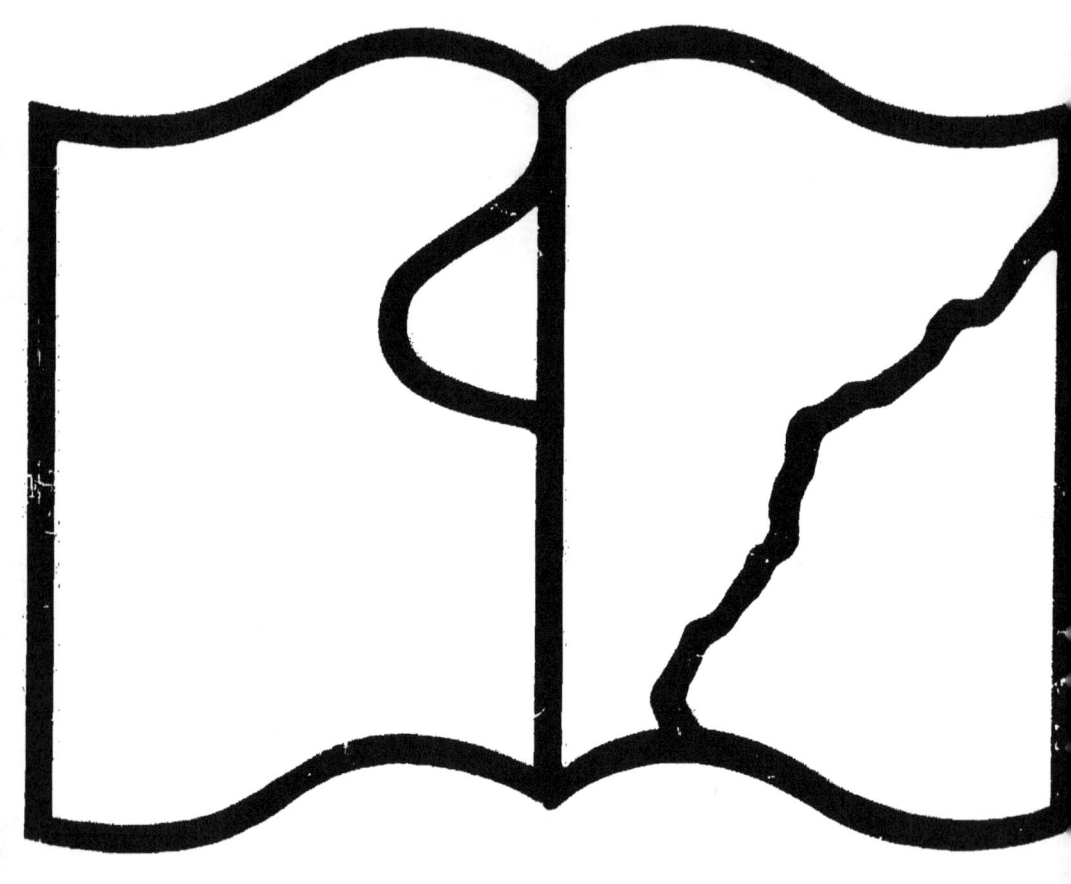

Texte détérioré — reliure défectueuse

NF Z 43-120-11

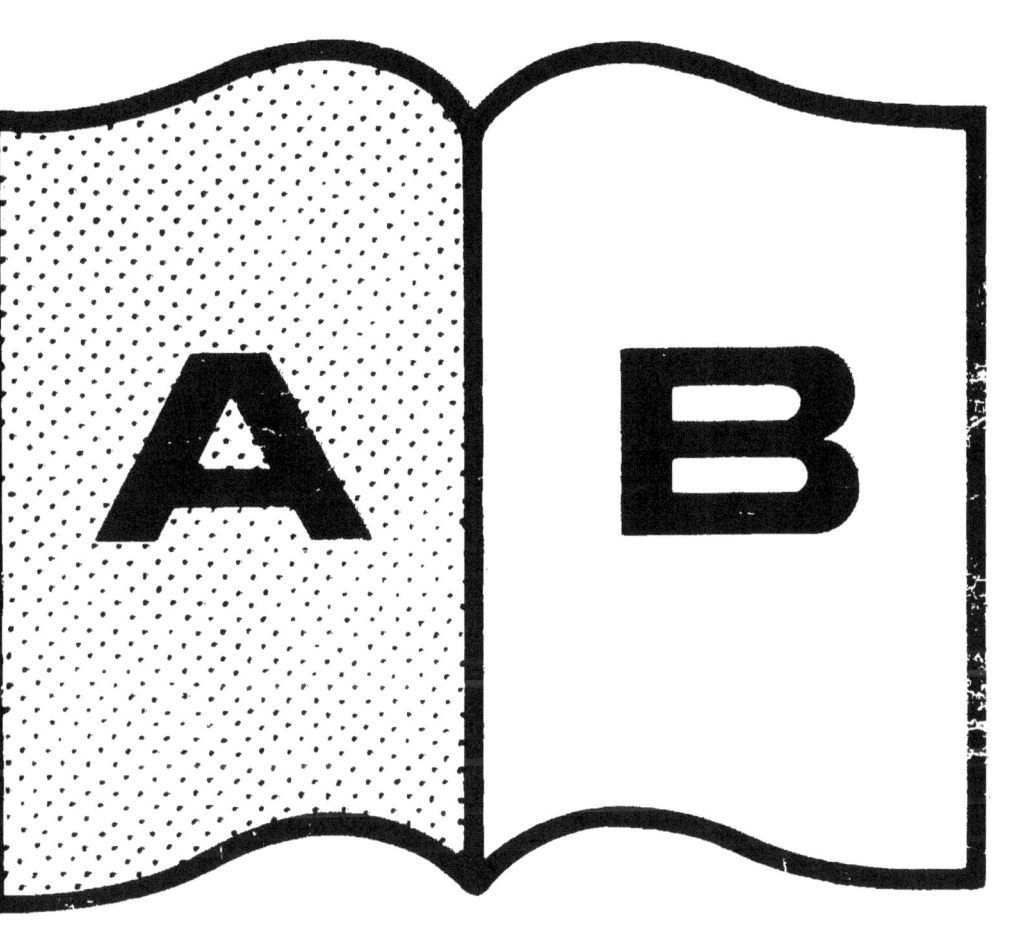

Contraste insuffisant

NF Z 43-120-14

www.ingramcontent.com/pod-product-compliance
Lightning Source LLC
Chambersburg PA
CBHW060152100426
42744CB00007B/1001